La guerra y la paz

La guerra y la paz

Santiago Gamboa

Primera edición: abril, 2014
Primera reimpresión: junio, 2014
Segunda reimpresión: diciembre, 2014
Tercera reimpresión: noviembre, 2016

© Santiago Gamboa
c/o Guillermo Schavelzon & Asoc., Agencia Literaria
www.schavelzon.com
© 2014, de la presente edición en castellano para todo el mundo:
Penguin Random House Grupo Editorial S. A. S.
Cra. 5a. A No. 34-A-09, Bogotá, D. C., Colombia
PBX: (57-1) 7430700
www.megustaleer.com.co

Diagramación: Patricia Martínez Linares
Diseño de cubierta: Patricia Martínez Linares

Impreso en Colombia-*Printed in Colombia*

ISBN: 978-958-8806-44-0

Impreso en Nomos Impresores, S. A.

Penguin
Random House
Grupo Editorial

Los filósofos, cuyo propósito es vivir virtuosamente, sienten un gran respeto por los gobernantes que promueven la tranquilidad pública, mucho más que por los turbulentos.

SÉNECA (CARTAS A LUCILIO)

CONTENIDO

A MANERA DE PRÓLOGO... 13

I. INTRODUCCIÓN 17
1. UNA Y MUCHAS TROYAS.................................... 17
2. ¿CHÉJOV VERSUS SHAKESPEARE? 24

II. LAS GUERRAS ANTIGUAS 31
1. ESPADAS COMO LABIOS 31
2. LA GUERRA Y EL INCESTO EN LA ORGANIZACIÓN SOCIAL 33
3. LOS HIJOS DEL TRUENO 36
4. EL SUEÑO DE LOS DIOSES................................. 40
5. FÁBRICAS E INGENIOS 48
6. LA GUERRA ARTÍSTICA 55
7. LA CIENCIA DE LA GUERRA............................... 60

III. SARAJEVO, 1993.. 63

IV. LA ARCADIA INEVITABLE................................... 73
1. EL BIENESTAR 73
2. ¿PROGRESA EL ESPÍRITU HUMANO?...................... 77
3. ¡A REZAR A LOS TEMPLOS!............................... 82

4. Y se abrirán los cielos.......................... 89

5. La tierra prometida............................. 93

6. Los sospechosos de siempre 97

7. Quemarlo todo................................... 99

V. Argel, 1996................................... **103**

VI. Tormentas de acero **113**

1. Un lugar en el mundo 113

2. ¿Cuál es el límite de mi imperio?.......... 116

3. Guerras de palabras............................ 120

4. Guerras del comercio 123

5. La guerra de guerrillas y la resistencia 130

6. Guerra mundial 132

7. El mal radical 138

VII. Dachau, 2005 .... **143**

1. *Inferno*... 143

2. El memoricidio 147

3. Mi guerra civil española........................ 151

VIII. La paz posible **155**

1. ¡Ha estallado la paz!............................. 155

2. La paz y la "no violencia" 162

3. La paz como beatitud y servilismo 164

4. El pacifismo 166

5. Pax europea...................................... 172

6. La guerra y la paz en la ciudad 177

7. Experimentos con la paz: Camboya 183

8. La paz en El Salvador 185

9. La paz en Irlanda del Norte.............................. 190

10. La paz en Sudáfrica 193

IX. Cuando la flecha está en el arco,
tiene que partir..197

1. Pax colombiana 197

A MANERA DE PRÓLOGO...

He elegido este título, el de la monumental novela de Tolstói, porque reúne dos palabras universales que pertenecen a la experiencia de cualquier comunidad: la guerra y la paz. Dos vocablos simples y contundentes que, de algún modo, resumen —y a través de ellos resuena— gran parte de la larga y laboriosa historia de la humanidad. El paso de la guerra a la paz a través del diálogo o la capitulación es una de las pocas constantes en todas las etapas de la civilización y de cierta manera permite trazar su historia. Conforma a su vez la radiografía de los desacuerdos humanos: de lo anómalo que viene a instalarse en la interacción entre naciones o en el interior de ellas; de la restitución final de un cierto orden, temporalmente interrumpido, o del nacimiento de uno nuevo.

A lo largo de los siglos, la guerra fue siempre un instrumento fundamental para el asentamiento y la individuación de las culturas y, como observó Marx, con frecuencia sirvió de "partera de la historia" al dar a luz nuevos sistemas de convivencia que luego se desarrollaron en periodos de paz. También fue importante para el progreso tecnológico y científico, para la medicina, las ciencias sociales, la filosofía y el desarrollo de las artes. Pero no todas las guerras son iguales. La experiencia demuestra que muchas de éstas son ya obsoletas y completamente inútiles, sea porque perdieron su objetivo o porque, en la práctica, ninguno de los bandos enfrentados está en capacidad de ganarlas. Sólo de mantenerlas.

Éstas, las guerras inútiles, se convierten en enfermedades crónicas y son las peores. Por eso, acabarlas es un objetivo urgente. En ellas, el tránsito de la guerra a la paz se convierte en la verdadera guerra.

No hay que ser muy perspicaz para comprobar que hace ya mucho tiempo que el conflicto colombiano pertenece al malhadado grupo de las guerras inútiles, y precisamente por eso es tan importante llevar a término, contra viento y marea, el impulso de la paz. En el largo camino de los acercamientos entre el gobierno y las Fuerzas Armadas Revolucionarias de Colombia (FARC), éste de ahora es el que más lejos ha llegado y el único que, en mi opinión —¿o en mi deseo?—, puede convertirse en realidad, aun si, como todos sabemos, muy seguramente la pacificación del país no será completa, pues la violencia tiene abiertas multitud de sucursales.

Y además porque el camino es culebrero, como decía una vieja canción. Los enemigos del proceso son muchos y, en algún caso, de gran envergadura política. Era de esperarse que sectores reaccionarios y conservadores de la élite política se opusieran; ellos preferirían una rendición militar incondicional de las FARC, de rodillas y con las manos en la nuca, que no sólo acabe con el enfrentamiento de hoy sino que deslegitime, niegue y criminalice los motivos históricos por los que hace más de cincuenta años hay guerrillas en Colombia. Lo que ellos más temen del proceso de La Habana es que con él quedará inevitablemente registrado en la historia oficial que las guerrillas surgieron para llenar un vacío de representación política y para solventar una injusticia en la propiedad y la explotación del campo, que no por casualidad son dos de los temas cruciales de la agenda de negociaciones. Dos temas, por lo demás, que han estado en el centro de casi todas las guerrillas del siglo XX en el mundo.

Maquillar el pasado, transformarlo. Porque esa vieja élite no sólo quiere poseer la tierra y las riquezas, que ya las tiene, sino que aspira al monopolio de la memoria y la verdad, y para ello es necesario confiscar el pasado. Y en esto el uso del lenguaje es fundamental. Recuerdo la directiva del gobierno anterior de suprimir la palabra "conflicto" en toda mención oficial al conflicto colombiano. Curiosísimo caso de esquizofrenia lingüística. Como ordenar suprimir la palabra "pollo" en toda mención oficial al arroz con pollo. Con esa prestidigitación se pretendía argumentar que Colombia ha sido una sociedad mártir y angelical que lleva medio siglo sometida a una "agresión terrorista" por parte de un grupo de malvados, y que, por supuesto —¡y sobre todo!—, toda persona con un pasado militante en la izquierda era asimismo un terrorista y un malvado. Porque el pasado nunca se acaba y cualquier momento es bueno para propiciar un derrumbe de galerías. Ya lo saben los poetas: el tiempo de la memoria es maleable y cosa vana.

Pero a pesar de estos enemigos y de las dificultades que surgirán, vale la pena seguir adelante, pues significa dirigir al país hasta una zona del camino por la que jamás ha transitado, y en la que podría aspirar realmente a ejercer el derecho a la civilización y a la modernidad, en momentos en que las cifras oficiales hablan de más de seis millones de víctimas desde 1984, de las que 636.184 son homicidios (¡casi el doble de la población de Manizales!)[1].

Ante esta dramática evidencia, el paso de la guerra a la paz podría ser el más decisivo y contundente de todos los combates librados por la sociedad colombiana en las últimas décadas.

Y sólo por eso vale la pena probar.

A lo largo de este libro pretendo interrogar, desde una perspectiva humanista y cultural, el modo en que la guerra ha ido transformando a las sociedades y lo que ha significado la paz en algunos momentos claves. Y aunque no soy un historiador ni un teórico, he querido ver los avatares de esa experiencia a través de la historia, la literatura, la filosofía e incluso las religiones; también, en algún caso concreto, desde mi propia experiencia directa de cronista y viajero curioso.

---

1 "Seis millones de víctimas deja el conflicto colombiano". Revista *Semana*, 8 de febrero de 2014, con datos proporcionados por la oficina de Unidad de Víctimas.

I. Introducción

1. Una y muchas Troyas

Hace algunos años, cuando era diplomático ante la Unesco, le escuché decir al delegado de Palestina la siguiente frase: "Es más fácil hacer la guerra que la paz, porque al hacer la guerra uno ejerce la violencia contra el enemigo, mientras que al construir la paz uno debe ejercerla contra sí mismo".

En efecto, decía él, es muy violento darse la mano y dialogar con quien ha martirizado y herido de muerte a los míos; es violento hacerle concesiones y reconocer como igual al que ha destruido mi casa, quemado mis tierras, usurpado mis templos. Es sumamente violento, y sin embargo debe hacerse. El ser humano, en el fondo, lleva siglos haciéndolo y no hay una pedagogía concreta ni una fórmula que aseguren el éxito. Se debe hacer porque se ha hecho siempre y porque es lo correcto, y cuando uno sabe qué es lo correcto, lo difícil es no hacerlo; pero cada vez que se hace es como si fuera la primera vez, porque cada guerra, desde la más antigua, tiene un rostro distinto, una temperatura que le es propia e incluso una cierta prosodia. Esto es comprensible, pues no todas las sociedades luchan de la misma manera y por eso cada guerra es también la expresión de una forma de cultura. Asimismo, cada una tiene su paz, la que le es propia y le sirve sólo a ella, en particular, no a ninguna otra.

"Los animales luchan entre sí pero no hacen la guerra", dice Hans Magnus Enzensberger. "El ser humano es el único primate que se dedica a matar a sus congéneres en forma sistemática, a gran escala y con entusiasmo". ¿Por qué lo hace? Hay motivos históricos que pueden, *grosso modo*, resumirse en lo siguiente: por territorios, por el control de lugares estratégicos, también por ideologías, lucha de clases, creencias religiosas, o atendiendo a sentimientos de injusticia, venganza o revancha. Todo esto puede resumirse aún más en una vieja palabra: odio. El odio al vecino o al hermano, como en las guerras civiles, o al que es diferente, al que cree en otros dioses o vive en esa tierra que considero mía, al que tiene privilegios que yo anhelo, al que me humilla cotidianamente, al que usa el poder a su favor y en mi contra. Al que controla la economía y los medios.

El odio es el más antiguo principio de las guerras porque, éste sí, se puede adecuar a cualquier circunstancia, época o lugar. Es ecuménico y, como el espíritu en la Biblia, "sopla dondequiera". Puede incluso ser, como en los grandes conflictos mundiales, un odio abstracto: a un uniforme, no a quien lo viste. A una bandera o una idea, no específicamente a cada uno de los que creen en ella.

Por eso la historia de la guerra es también la genealogía del desacuerdo que conduce al odio, y del increíble pragmatismo que, a continuación, lleva al hombre a destruir aquello que se opone a sus intereses. El proceso mental consiste en transformar una necesidad en algo acuciante y proyectarla sobre alguien que lo impide, de modo que al aniquilarlo esa necesidad se vea satisfecha (y aquí de nuevo: tierras, creencias, poder, medios de producción). Porque el hombre no sólo mata por defenderse o alimentarse (como los animales), sino también para mejorar la calidad de vida de su estirpe, para aumentar sus posibilidades de supervivencia y su nivel de seguridad o de gasto, incluso a costa del de otros.

A todo esto se le llama *poder*.

Sólo cuando el hombre mata sin sentir odio nos parece inhumano.

La historia de Occidente comienza con una larga guerra, la de Troya. O más precisamente aún: empieza con la narración de dicha guerra. Por eso, hablando del remoto origen del moderno género novelesco, el crítico George Steiner dice que sólo hay dos tipos de libros: la *Ilíada* y la *Odisea*. De Troya en llamas sale Eneas llevando alzado a su viejo padre, y de la mano a su hijo, para iniciar un viaje por el Mediterráneo que lo conducirá años después a la península itálica, y su descendencia fundará Roma. De ese viaje sabemos también por otro libro, la *Eneida*, escrito por Virgilio en torno al siglo I a.C. por encargo del emperador Augusto, tal vez para justificar la conquista romana de Grecia, pero sobre todo con el fin de obtener algo que ya desde esa época se sabía que sólo puede hacer la literatura: darles un origen mítico a los asuntos de la vida.

La salida de los héroes troyanos, huyendo de la ciudad devastada por los aqueos y por Ulises, el "varón de multiforme ingenio" (en palabras de Homero), la describe Virgilio con los siguientes versos, memorables, que Borges siempre usó para ejemplificar la figura retórica de la hipálage:

Ibant obscuri sola sub nocte per umbram[2]

Esto fue en momentos en que Augusto intentaba apaciguar el Imperio, inmerso desde hacía tiempo en un periodo de guerras civiles. Por eso un libro que cantara la gesta mítica de Roma y que a su vez encumbrara su legado se hacía necesario.

En el Canto VI, Virgilio le hace decir estas palabras a Anquises, el padre de Eneas, dirigidas al general romano Quinto Fabio Máximo:

Tú, romano, piensa en gobernar bajo tu poder a los pueblos
(éstas serán tus artes), y a la paz ponerle normas,
perdonar a los sometidos y abatir a los soberbios.

Tú, romano, regir debes el mundo;
esto, y paces dictar, te asigna el hado,
aplacando al soberbio, al iracundo,
levantando al rendido, al desgraciado[3].

Al ver el estado del mundo, hoy, comprendemos que la guerra de Troya no ha terminado, y que el ánimo pacificador que exalta el poeta Virgilio sigue siendo necesario, una y

---

2 "Iban oscuros en la noche solitaria". La hipálage hace que se entrecrucen los atributos: es la noche la que es oscura y ellos los solitarios.

3 Traducción en octava real de Miguel Antonio Caro.

otra vez, desde hace más de dos mil años; para aplacar, como dice él, a los soberbios y a los iracundos.

Porque en todas las guerras se encuentran enfrentados estos dos tipos humanos: el que busca conciliar, de un modo pragmático, para transformar el desacuerdo en algo racional y asumible, y el romántico, que pretende llevar la furia hasta una llamarada purificadora de destrucción.

Pero hay más.

La guerra y el crimen están también en el origen o en la esencia de la mayoría de las religiones: la historia del cristianismo es en el fondo la historia de un crimen, de una condena a muerte injusta y el recuerdo y la posterior exaltación de la vida del condenado. El hinduismo tiene en su panteón al arquero Arjuna, quien debe luchar en la guerra entre Pandavas y Koravas en una batalla que parece aún más grande y monstruosa que la propia guerra de Troya.

Dice el *Mahabharata*: "Entonces, a la vista de los dioses ávidos, se desarrolló un terrible combate. Centenares de miles de soldados se pusieron frente a frente y lanzando gritos entraron en batalla. El hijo no conocía ya al padre, ni el padre al hijo, ni el hermano al hermano, ni el amigo al amigo".

El judaísmo cuenta con un dios al que su Testamento llama "el Dios de los ejércitos", que sometió a su pueblo a todo tipo de derrotas y dolores. En las religiones aborígenes, según el etnólogo Lévi-Strauss, suele haber un combate entre el bien y el mal en el que el héroe se enfrenta en desigualdad de condiciones y al final, como David frente a Goliat, acaba venciendo. Pero no con argumentos, sino con astucia y una espada.

La América hispana también nace entre el fragor del combate, y los primeros libros escritos en español en el Nuevo Mundo son crónicas de conquistas y batallas. Esas crónicas, que según Carlos Fuentes son la primera literatura latinoamericana, narran gestas que pueden incluso ser heroicas, pero que casi siempre son sangrientas: Bernal Díaz del Castillo en México, Pedro Cieza de León en Colombia y Perú, mi pariente Pedro Sarmiento de Gamboa en el océano Pacífico, persiguiendo al corsario sir Francis Drake, al que nunca pudo agarrar, y en cuya búsqueda acabó conquistando y, como se decía entonces, "descubriendo", multitud de islas.

La guerra no sólo forjó una identidad para los pueblos, sino que además organizó a la sociedad, dándoles a los guerreros la casta más alta. La primera nobleza, tanto en Europa como en Asia y África, fue el estamento militar. Hubo que esperar hasta la llegada del capitalismo, mucho después, para que se exaltara a la burguesía trabajadora, en un fenómeno muy ligado al crecimiento de las ciudades.

La guerra, siempre la guerra al principio de todo. Lo importante es lo que se hace después de ella, una vez que se logra construir la paz. Tal vez por esto Kant consideró que la paz entre los hombres no es un estado de la naturaleza, es decir, que no es *natural*, y por lo tanto se debe instituir. Se debe propiciar. En otras palabras, *negociar*.

Como la paz no es un estado natural, aunque sí un fin deseado, podemos afirmar que es el resultado de un largo proceso de civilización, con todo lo que esto conlleva. Un niño no decide naturalmente resolver sus conflictos con el diálogo; su primera reacción es recurrir a la fuerza. *Civilizar* o educar a ese niño es depositar en él una serie de contenidos que la humanidad, a través de una larga historia de desastres y oprobios, considera razonables para la vida en común.

La violencia, en cambio, es una pulsión muy profunda que conecta a ese niño con los gritos de los primeros hombres; con el instinto defensivo, reaccionario y conservador de la especie. Por eso es mucho más fácil ser violento que pacífico, y por eso el llamado del odio y de la guerra, en política, hace rugir a las masas y es bastante más redituable que la mesura y el diálogo.

Querer construir un estado de paz es insertarse en esa preciosa creación humana que es la civilización. Buscar la identidad en la violencia, por el contrario, es dejar resonar a través de nosotros a ese primer homínido que, en el filme *2001: odisea en el espacio*, de Kubrick, lanza al aire el fémur de un bisonte; es convocar a Aquiles y al Cid con sus espadas y lanzas. Por eso los nazis revivieron a Sigfrido y adoraron la *Cabalgata de las valquirias*.

En este punto específico, y atendiendo al mundo tal como es hoy, me atrevería a contradecir a Rousseau: no, el hombre no nace bueno y la sociedad lo corrompe. Es al revés: el hombre es un ser violento y egoísta y la sociedad lo educa, lo incorpora a la civilización para que pueda convivir en paz con otros hombres.

Es la civilización opuesta a la barbarie.

Del choque brutal entre estas dos visiones, hace apenas 75 años, en la Segunda Guerra Mundial, nació la nueva Europa que hoy conocemos, con su armonía, su seguridad, su paz. Una paz que costó cincuenta millones de muertos, según los cálculos más recientes.

Desde un punto de vista epistemológico, tal vez sea incorrecto afirmar que hay una "cultura de la violencia". Sin embargo, la guerra sí es un hecho cultural en el sentido de que propicia un debate, se inserta en el imaginario de una sociedad y en su memoria y, por lo tanto, cincela las ideas que al final se transforman en cultura. Por eso la pintura, la música y la literatura están plagadas de guerras, crímenes, combates y muerte. Tanto el *Guernica*, de Picasso, como las tradicionales alfombras afganas, que incorporaron en el tejido imágenes de helicópteros rusos y bombardeos, son prueba de ello.

2. ¿Chéjov versus Shakespeare?

Y, justamente, ¿dónde han estado los artistas? Siempre cerca del palacio, pues si bien su arte se consideraba inútil para la administración y el manejo del reino, sí era importante para el rey, que sabía o intuía el extraño poder de las ficciones, fueran éstas literarias, pictóricas o musicales, con la presunción de que en ellas estaba decidida otra suerte que no era presente sino que tenía que ver con la posteridad, con esa otra obsesión del poder y la memoria que consiste en labrar una imagen para que sea recordada.

Las artes, además, daban al rey sosiego y le alimentaban el espíritu, y traían al palacio una atmósfera de exquisitez y modernidad que se contraponía a la vida ruda del campo. En la Ciudad Prohibida, en Pekín, hay un hermoso pabellón dedicado exclusivamente al "cultivo del espíritu" del emperador, pues ya desde entonces se presumía de la existencia de otro tipo de nobleza que era importante adquirir y que no era material, que no dependía del oro ni de las victorias militares.

El artista creció cerca del poder, a veces como bufón y a veces como sabio, pero fue respetado sobre todo por esa extraña y misteriosa relación que los demás presumían o intuían que tenía con el porvenir. Platón decidió expulsarlos de la República por considerar que su arte era la imitación de una imitación, pero esto fue superado y el artista hizo mucho más que versiones de la realidad y del poder.

A finales del siglo XVIII el arte empezó a convertirse en una actividad comercial y salió del palacio. Se fue a los bares, a los burdeles, a los barrios bajos. Comenzó a construir otra realidad para atenuar las carencias del mundo. Se hizo moderno. Cuando el arte dejó de estar al servicio de los reyes o de la religión, se alejó de la guerra y empezó a observar la naturaleza, al ser humano común y corriente. Podríamos decir que en ese momento la paz llegó a los lienzos. El arte empezó a celebrar la vida, la frescura y la belleza, pero también a interesarse por los grandes dramas de la condición humana: la finitud, la soledad, el desamparo.

¿Y cómo pudo el artista salir del palacio? Gracias a que el arte en general y la literatura en particular se convirtieron en actividades comerciales. Esto le dio no sólo un sustento sino sobre todo independencia y libertad para tratar cualquier tema y opinar sobre él. En el caso de la literatura, esta libertad se la dieron y se la siguen dando hoy los lectores, y sólo ellos pueden seguir haciéndolo en tiempos difíciles.

Cuando el artista sale del seno protector del palacio y es libre, se inaugura una cierta modernidad, pues se convierte en una conciencia crítica de la sociedad y de la época en la que vive, a veces en un incómodo testigo. O como dice Vargas Llosa: en un perpetuo aguafiestas, puesto que es quien señala y toca las partes que más duelen.

La literatura, como ya vimos, ha estado siempre ahí.

Escribió la memoria de las gestas humanas, sus contradicciones y crueldades, y gracias a eso hoy podemos revivirlas e incorporarlas a nuestro imaginario. La literatura nos permite ir allá donde nunca fuimos, estar en batallas colosales, ser el héroe que levanta la espada y al mismo tiempo el soldado que recibe el golpe. Ser una masa dispuesta a decapitar al rey y ser el propio rey, cuya cabeza acabará en un cesto. La vida es breve y la literatura en cambio es muy larga y no tiene límites, y por eso nos permite multiplicar la maravillosa sensación de estar vivos. Un libro leído con intensidad se suma a nuestra experiencia, no sólo a nuestra biblioteca. Por eso Oscar Wilde decía que el gran drama de su vida era la muerte de Lucien de Rubempré, que es un personaje de Balzac. En otras palabras: la literatura nos permite alcanzar lo sublime, esa belleza extrema y a veces dolorosa de asimilar que los filósofos, desde Longino hasta Kant, han definido como la contemplación de lo terrible, pero desde un lugar seguro y firme.

Por lo demás la guerra, al igual que el viaje, se usa frecuentemente como metáfora de la vida. Por este motivo quienes escriben sobre ella acaban con frecuencia, y probablemente en forma involuntaria, haciendo profundas reflexiones sobre la condición humana. Es lo que le pasa a Sun Tzu en *El arte de la guerra*, uno de los libros más antiguos que existen, escrito en el siglo IV a.C.

¿Qué puede hacer la literatura? La literatura puede contar la historia para que las generaciones futuras dispongan de ella, y sobre todo para que no se repita. Homero lo dice ya en la *Odisea*: "Los dioses tejen desdichas a los hombres para que las generaciones venideras tengan algo que contar". Y los pueblos desmemoriados, que no conocen su pasado, están condenados a repetirlo. A caer cíclicamente en los mismos errores y dilemas.

Por eso se debe leer, porque, al fin y al cabo, una vida es poca vida. Pero ¿qué se busca al escribir? No conozco una respuesta mejor que la dada por Saul Bellow al recibir el Premio Nobel de Literatura, en 1976. Él dijo: "El público inteligente espera oír del arte lo que no oye de la teología, la filosofía, la teoría social, y lo que no puede oír de la ciencia pura". Y también: "Lo que se espera del arte es que encuentre e indique en el universo, en la materia y en los hechos de la vida, aquello que es fundamental, perdurable, esencial".

Por esto mismo, los grandes conflictos, a través de la cultura, se transforman en conocimiento, y ese conocimiento y las convicciones inamovibles a las que una sociedad llega gracias a él, son tal vez la única posible retribución que se obtiene después de la gran derrota que supone una guerra. Porque las guerras no se ganan ni se pierden, solamente se sufren. Y todo el que ha estado en una guerra, así salga ileso, es un herido de guerra.

Miremos la experiencia de Colombia.

El libro más exitoso de las últimas décadas es la historia de una víctima y su familia. Se llama *El olvido que seremos*, de Héctor Abad Faciolince. Con él, los lectores colombianos hicimos una profunda catarsis y lloramos, en sus páginas, el asesinato del padre, de nuestro padre. Todos nos convertimos en víctimas y eso nos hizo más sensibles y tal vez un poco más decididos a la hora de rechazar la violencia. Ese libro llevó a la sociedad colombiana a dar un paso en esa dirección, un paso que ya no tiene vuelta atrás. Claro, la literatura ha sido amplia y también nos dio su contrario: la vida privada del sicario que empuña el arma en *Rosario Tijeras*, de Jorge Franco, o en *La virgen de los sicarios*, de Fernando Vallejo, dos libros que permiten comprender la complejidad de un sistema del que, en el fondo, todos quieren escapar porque todos sufren. Leyendo las páginas de Mario Mendoza en novelas como *Satanás* o *Lady Masacre* sabemos lo que pasa por las noches en una Bogotá crepuscular, urbe a veces cruel y despiadada que nos hace comprender mucho mejor la ciudad real y sus problemas. Incluso un fenómeno como el narcotráfico, cuya violencia mayor parece haber emigrado hoy a México, se nos hace más complejo y probablemente por eso mismo más despiadado en las páginas de *El ruido de las cosas al caer*, de Juan Gabriel Vásquez, donde asistimos a su efecto devastador en la vida privada de personas comunes y corrientes, como le sucede con la guerra a esa pequeña comunidad rural, atrapada entre dos fuegos, en la novela *Los ejércitos*, de Evelio Rosero, o en la muy reciente *Tierra quemada*, de Óscar Collazos, en la que un grupo de civiles es desplazado por los combates y erra de un lugar a otro sin saber si son sólo víctimas o si están presos, en uno de los retratos más lúcidos y desgarradores de ese conflicto al que hoy todos queremos ponerle el punto y aparte. Y la palabra "fin".

Puede que la literatura colombiana no logre por sí misma que el país consiga la paz, pero sí la escribirá y dará cuenta de ella, y sobre todo estará vigilante, con los ojos bien abiertos y atenta al menor ruido, para que los lectores la incorporen aún más a su vida, la comprendan mejor y por eso mismo la protejan, y para que tantos años de conflicto se sigan transformando en memoria escrita, en experiencia y en conocimiento, y así queden definitivamente atrás, en el recuerdo y en los libros.

Porque la lectura nos hace conocer de un modo más profundo las cosas, y quien ha leído de joven las consecuencias de la guerra en su propio medio es difícil que en la edad adulta elija ese camino para resolver sus diferencias, del mismo modo que es improbable que quien se conmovió de joven con el *Diario* de Ana Frank se convierta después en un nazi antisemita.

El escritor, por supuesto, no escribe persiguiendo ninguno de estos fines, porque su arte, por definición, no tiene una utilidad específica por fuera de sí mismo. Es el contexto o algo fortuito lo único que puede dársela, eventualmente. Pero esto no quiere decir que la literatura no tenga una utilidad. En una notable conferencia, William Ospina se preguntaba por la utilidad de las nubes, y se respondía con un verso de Leopoldo Lugones:

Las nubes servían para mirarlas mucho.

Lo mismo pasa con las novelas: sirven para leerlas, para vivir con intensidad lo que hay en ellas. Para leerlas mucho.

Hace algunos años, en una entrevista, el escritor israelí Amos Oz decía que en el manejo de conflictos como el de Oriente Medio (y aquí podemos agregar tal vez el de Colombia) solían oponerse dos visiones literarias: por un lado, la justicia poética al estilo de Shakespeare, donde nadie transige, donde los principios y el honor prevalecen sobre todo, incluso sobre la vida, y al final se recupera la dignidad pero con un inconveniente, y es que el escenario queda cubierto de sangre y todos están muertos, dignos pero muertos, como ocurre en *Hamlet, Timón de Atenas* o *Macbeth*. Por el otro lado, encontramos la triste e imperfecta justicia humana de Chéjov, con personajes que discuten sus desacuerdos, los resuelven y al final regresan a casa bastante frustrados. En *El tío Vania*, Astrov le pide a Vania que le devuelva un frasco de cicuta para suicidarse, y Vania le recomienda que vaya al bosque y se pegue un tiro; al final hacen las paces. Se odian, claro que sí, porque se han provocado heridas que no cicatrizarán en mucho tiempo. Pero llegaron a un acuerdo. Por eso regresan cabizbajos a sus casas, pateando alguna piedra por el camino y murmurando esas frases que nunca llegan a tiempo en las discusiones. Regresan frustrados, sí, pero regresan vivos.

Esa es la gran diferencia entre los dramas de Chéjov y los de Shakespeare: en los de Chéjov la vida sigue.

Por fortuna, según veo en las encuestas, los colombianos preferimos la chejoviana actitud del diálogo, por doloroso y frustrante que pueda parecer a algunos sectores, y con todos los riesgos que puede acarrear, antes que la venganza de Hamlet o el resentimiento de Timón de Atenas, tal vez porque la justicia poética, con toda su fuerza expresiva, vive mejor en los implacables versos de Shakespeare que en la realidad.

II. Las guerras antiguas

1. Espadas como labios

Hace veintinueve mil años, cuando el *Homo sapiens* de África
llegó a tierras de Europa en un primer gran movimiento mi-
gratorio, éste ya usaba lanzas, es decir, que no debía acercarse
a su enemigo o a su presa para herirlo. Eran los descendientes
de Lucy, la lejana homínida que, tres millones y medio de años
antes, ya andaba sobre dos piernas por las agrestes llanuras del
Plioceno en una región que hoy es etíope y se llama Hadar.
Las lanzas de esos descendientes de Lucy se hacían con puntas
de piedra; también afilaban calizas para tirarlas contra su presa
a distancia.

El hombre de Neandertal, el que originalmente vivía en
Europa, en cambio, luchaba sólo cuerpo a cuerpo, como
los animales. Las fracturas en los huesos hallados por los
paleontólogos son similares a las que sufren los vaqueros en
los rodeos cuando montan un potro para domarlo, lo que
indica que los neandertales debían saltar sobre el animal. No
tenían la técnica para matar de lejos y tal vez por eso, con
la llegada del hombre africano a Europa, ese primer europeo abandonó su territorio y al final se extinguió. También

podemos imaginar, pensando mal, que nuestros antepasados africanos lo diezmaron a golpes de lanza, pues desde sus orígenes el hombre guerrea con los mismos instrumentos con los que caza.

De haber sido así —pero es un crimen no resuelto—, éste sería el primer genocidio en la historia del ser humano, a cuyo espíritu no debía de ser ajena esa pulsión de la supremacía del más fuerte que la naturaleza ejerce a diario y que los animales, carentes de un sistema moral, aplican sin piedad. Lo que sí se sabe es que el hombre africano se mezcló con el de Neandertal, de ahí que la humanidad conserve hoy un pequeño patrimonio genético proveniente de él (un 1,3 %, según datos recientes).

De ese antiguo hecho la humanidad no conserva memoria, pues tenerla sería demasiado traumático, del mismo modo que un individuo no tiene recuerdos conscientes de su etapa fetal o de neonato; convivir con todo eso en la superficie de la mente sería terrorífico.

La ontogenia reproduce una filogenia mayor y por eso cada nuevo ser humano vuelve a vivir, en forma sincrética y veloz, las etapas de la humanidad: desde el primer líquido amniótico, esa agua de mar con azufre volcánico, hasta el gateo a cuatro patas. Los dibujos que hace en la pared son sus cuevas de Altamira; se levanta en dos pies y aprende a caminar, y luego avanza hacia la conquista progresiva del yo. Pero de todo esto nos enteramos después. No hay conciencia ni memoria hasta la llegada del lenguaje, que es su primer gran salto. En ese momento deja atrás el tiempo mítico y se incorpora a la historia, a su propia cronología de la memoria y la razón.

Por eso la imagen de estas primeras guerras, con frágiles seres humanos en medio de llanuras inhóspitas, luchando seguramente entre sí pero también contra fieras descomunales, está disimulada en la oscura niebla de la especie, muy lejos, en el pasado y la inconsciencia. De todo aquello heredamos la intuición para estar alerta y anticipar el peligro, el poderoso instinto de conservación, que no es de cada uno sino de la especie, y el miedo, sin duda el miedo, que llevó al hombre a permanecer en grupo porque así era más fuerte a la hora del combate. Porque en ese tremebundo amanecer de la especie la guerra por estar vivo y seguir en el mundo era la única guerra necesaria y probablemente cotidiana.

2. La guerra y el incesto en la organización social

El etnólogo francés Claude Lévi-Strauss afirma que el primer NO del hombre a su propia naturaleza es el horror al incesto. Esto significa que, pese a que materialmente puede hacerlo, se abstiene, respetando o escuchando una voz que, desde lo más profundo, le dice que no lo debe hacer, y es comprobable que todas las culturas humanas, a menudo sin contacto entre ellas, desde los aborígenes de Papúa Nueva Guinea hasta los de Alaska o la Amazonia, respetan ese NO primigenio, el cual se convierte, siempre según Lévi-Strauss, en el primer paso de una organización social, pues el NO es a la vez un sí: con esta mujer no se puede, con esta otra sí. De este modo, los varones establecen relaciones con mujeres de otras familias, lo que permite sellar alianzas políticas, militares y, sobre todo, comerciales.

Octavio Paz le dedicó todo un libro a las ideas renovadoras de Lévi-Strauss acerca de las relaciones de parentesco. Sobre el tabú o la prohibición del incesto y su capacidad reguladora, nos dice: "El 'átomo' o elemento mínimo de parentesco no es el biológico o natural —padre, madre, hijo— sino que está compuesto por cuatro términos: hermano y hermana, padre e hija", y concluye citando a Lévi-Strauss: "El carácter primitivo e irreductible del elemento de parentesco es una consecuencia de la prohibición del incesto (…) en la sociedad humana un hombre no puede obtener una mujer sino de otro hombre, que le entrega a su hija o a su hermana"[4].

De ahí que uno de los primeros motivos para hacer la guerra, un oficio históricamente masculino, tenga que ver con el robo o la pérdida de una mujer, como en la *Ilíada*, lo cual se percibe como un saqueo al patrimonio, una pérdida que limita las posibilidades de intercambio, y que estampa una huella injuriosa que sólo se puede borrar con sangre, y entonces viene la guerra.

Por eso, tras el tabú del incesto, el siguiente factor en importancia para el estamento social, el que determina el papel de cada hombre en la sociedad, es su capacidad para hacer la guerra, que se puede ver, en su origen, como la destreza para recuperar a la mujer perdida. Porque el héroe es héroe por su astucia, como Ulises, pero también por la fuerza de su brazo: para cazar mamuts y matar enemigos, proteger a su gente y señalar el camino en medio del temporal. Ulises

---

4   Octavio Paz. *Claude Lévi-Strauss o el nuevo festín de Esopo.* México: Editorial Joaquín Mortiz, 1967, p. 22.

es Ulises por su ingenio, pero sobre todo porque recupera a Penélope de los pretendientes que la asedian instalados en su propia casa, es decir, extendiendo la mancha hasta su territorio.

La aspiración a esa fuerza, ser reconocido y admirado por ella, es tal vez la primera identidad individual: el que mata bisontes, el que venció al dragón. En la escritura china, la palabra "yo" es el dibujo de un brazo que sostiene una lanza. Porque la identidad es equiparable a la capacidad de guerrear. Quien tenga esa magna fuerza será el líder y podrá elegir a una mujer, siempre y cuando no sea su madre.

Después de él, eligen los demás.

Como es natural, los guerreros se dieron el lugar más importante dentro del sistema social. Por eso la primera nobleza, tanto en Europa como en Asia y África, fue el estamento militar, relacionado con la propiedad de tierras y la cercanía con el rey. El de duque era un título nobiliario que se podía otorgar por gratitud o en recompensa por una empresa exitosa. La palabra *duque* proviene de la latina *dux*, que en la Roma imperial denotaba el rango militar de general y que, a su vez, deriva del verbo *duco* que quiere decir "guiar hacia adelante". Y "el que guía hacia el frente" era siempre un líder militar o caudillo.

En el caso de la India, la segunda casta más alta es la de los *chatrías* o guerreros, después de los sacerdotes o *brahmanes*. Aquéllos provienen de los hombros y los brazos de Brahma, mientras que los brahmanes salieron de su boca, los *vaishías* (comerciantes, campesinos, artesanos) de las caderas y los *shudrás*, los plebeyos y esclavos, de los pies. Al fondo, tan bajos que incluso se los considera fuera del sistema, están los *dalits*, los intocables, considerados al mismo nivel que los animales. Y hay otra casta igual de baja, la de los *invisibles*: sólo pueden salir a la calle en la noche; si alguien los sorprende de día van a una celda, sin comida, hasta morir de hambre.

El cuerpo humano, según el hinduismo, es la metáfora inicial de las jerarquías humanas. La guerra la piensa y la desea la mente, pero son los brazos los que la hacen y vencen en ella.

3. Los hijos del trueno

La épica que funda naciones es siempre la historia de una guerra. En ella lo que más se admira son el valor, el arrojo, la resistencia y el sacrificio. Ya mencioné la guerra de Troya como centro y origen de la cultura occidental, con Odiseo y Aquiles como la encarnación de los guerreros, por un lado, y Eneas como el derrotado que, siglos después, por intermedio de su descendencia romana que conquista a Grecia, obtiene resarcimiento. Troya es también la historia de la guerra por recuperar a Helena, la esposa del rubio Menelao raptada por Paris, una leyenda en la que los dioses combatieron entre sí a través de los hombres y que dio origen a una nación, simbolizada en esa mujer.

En España el libro épico, el *Cantar de Mio Cid*, es también la historia de un guerrero —y su guerra—, el Cid Campeador, cuyo sueño es retornar a Castilla luego de conquistar la ciudad de Valencia, que como reza el texto estaba ocupada "por los árabes". Al salir a la aventura, el Cid dice estas palabras a su compañero:

Albricia, Alvar Fáñez, ca echados somos da tierra!

Un verso extraño y de turbadora ironía, pues pide a su amigo alegrarse por el destierro. ¿Hay tal vez en él algo de vértigo al asumir un destino que, intuye el Cid, se anuncia cargado de espadas y de sangre, pero al final de gloria? De ese tono inquietante proviene su belleza. Como suele suceder en ésta y en muchas otras leyendas, la restitución del honor individual coincide con la devolución de un honor colectivo, y así cuando el Cid regresa y es coronado héroe se convierte en símbolo de la futura unidad de España.

Su equivalente francés es *La canción de Rolando* —que se conoce también como *La canción de Roldán*—, el héroe que murió soplando el olifante para avisarle a Carlo Magno que regresara a luchar, en el paso de Roncesvalles. Sopló tan fuerte, dice la leyenda, que el olifante, un cuerno de marfil usado como trompeta, se quebró por la mitad. La muerte de Rolando, en pleno campo de batalla, aumenta el dramatismo del *cantar de gesta*, sobre todo porque antes intenta romper su espada para no dejarla al enemigo, pero no lo logra; en lugar de quebrarla, el furioso último golpe que da con ella hace añicos la piedra.

El *Beovulfo* de los daneses y nórdicos delimita una nación y le confiere un origen mítico. Sus enemigos fueron ogros y dragones. Como el Sigfrido o Sigurd germánico de las *Eddas* y el *Cantar de los nibelungos*, que también mató a un dragón llamado Fafner[5], el cual, bañándolo con su sangre, lo convirtió en invulnerable (mito nórdico de la poción mágica).

---

5 Así se llamaba, por cierto, el Volkswagen Combi de Julio Cortázar y Carol Dunlop en su diario de viajes *Los autonautas de la cosmopista*.

Espadas y lanzas tienen sed en estas historias clásicas porque el papel mítico de la guerra no es otro que forjar la identidad de un pueblo, ponerlo en relación con un territorio y subrayar su diferencia con los demás. La compleja elaboración del "yo" colectivo necesita un "otro" (un "no yo") que establezca sus límites individuales, de modo que su espacio se sitúe entre el *yo* y esa línea imaginaria donde comienza la *otredad*. Sólo así una nación podrá dejar atrás el tiempo mítico y entrar con paso firme al tiempo de la historia.

El enemigo puede ser todo un pueblo, como en la *Ilíada*; un ogro, como en *Beovulfo*, o un dragón, como en la tradición germana de Sigfrido. Lo importante es que represente la *alteridad* y que a su vez sea el símbolo de la maldad. Porque en el fondo, en el nivel más simbólico, las guerras fundacionales son también luchas entre el bien y el mal: de ahí que, tras la victoria, una estirpe quede ligada en forma indisoluble a un territorio y a una fe, y que más tarde el rey sea descendiente de ese héroe y dueño de las tierras. Los sacerdotes, la otra casta alta en la nobleza, serán los *verificadores* de esa santa alianza y de la devoción del rey y los vasallos, asegurando la esfericidad de la vida.

Es fundamental que el héroe, quien los conduce hacia la victoria y, por lo tanto, a la salvación y al futuro, represente y de algún modo encarne la quintaesencia racial, religiosa y cultural de su pueblo. El nacimiento de una nación requiere estas figuras y una conexión con el pasado: unos dioses que les sean propicios, un territorio destinado a convertirse en "espacio sagrado", sangre heroica vertida sobre él que corrobore la ancestralidad y una historia para narrar a las generaciones futuras. Este será el poema que cante quiénes son, de dónde provienen y por qué ese (y no otro) es su lugar en el mundo.

A partir del siglo XVIII —señala Juan Goytisolo—, cuando algunos pueblos sintieron la necesidad de establecer la continuidad histórica y la genealogía de su presencia sobre un territorio creando *sagas* nacionales o credos patrióticos, los historiadores echaron mano de estos mitos, los glorificaron poniendo en ellos de su propia cosecha y armaron narraciones legendarias cuyo objetivo era, por supuesto, henchir el orgullo de una nación y elevar su autoestima. Pero en el viejo desván de la historia no siempre conviene mezclar las pócimas, y al hacerlo y extraer esos mitos de su contexto se le abrió la puerta a un viento helado que, en los siglos siguientes, trajo a personajes como Mussolini, Hitler, Radovan Karadzic, Le Pen, Slobodan Milosevic o Franco, quienes se sirvieron de ellos para justificar sus *pogromos*, la "limpieza étnica", la "solución final" y los deseos expansionistas, ya que estos mitos, extraídos del contexto en el que fueron creados, "manejados sin escrúpulos como arma ofensiva para proscribir la razón y falsificar la historia, pueden favorecer y cohesionar la afirmación de 'hechos diferenciales' insalvables, identidades 'de calidad' agresivas y, a la postre, glorificaciones irracionales de lo propio y denigraciones sistemáticas de lo ajeno"[6].

Es ahí cuando la leyenda deja de ser una narración identitaria y regresa a su forma inicial, confundiendo la idea legendaria de pertenencia con la de pureza y linaje, un grito

---

6   Juan Goytisolo. *Cogitus interruptus*. Barcelona: Editorial Seix Barral, 1999, p. 45.

de guerra contra los que no están cobijados por la historia ni forman parte de ella; contra quienes están excluidos de la estirpe y, por lo tanto, no tienen derecho a existir o a permanecer en sus tierras sagradas. Es entonces cuando el nacionalismo adopta su rostro más temible: el del fascismo de Estado, el cual "evoca y recrea un conjunto de personajes, sucesos y lugares míticos con miras a crear un espacio-tiempo igualmente mítico en el que los antepasados y contemporáneos, los muertos y los vivos, dirigidos por los jefes y héroes, participen en un acontecimiento primordial y fundador: la muerte y resurrección de la patria"[7].

4. El sueño de los dioses

En la mitología maya el origen de la comunidad es un combate, aunque bastante menos aparatoso que las batallas del *Mahabharata* o las conflagraciones griegas. Dos hermanos llamados "héroes gemelos", Hunahpú e Ixbalanqué, deben combatir contra los señores de Xibalbá y la "casa de las sombras" o de la oscuridad, donde hay cosas temibles como el fuego, el jaguar, el frío, las alimañas, las bestias de la noche, pero lo consiguen, y así, vencedores, pueden crear a los primeros seres humanos reales: cuatro hombres y cuatro mujeres, con los cuales comienza el pueblo quiché, envuelto en un aura mítica y religiosa. Esta batalla determina la esencia del bien y del mal, la cual arroja una ética para el buen comportamiento del devoto, o su contrario: la entrega al pecado y la condena. Hacer el mal es negar el principio

---

7 Iván Colovic. Citado por Juan Goytisolo en ob. cit., pp. 46–47.

creador, un comportamiento ajeno a la identidad que deja al hombre amputado de sus raíces, perdido en el tiempo y el espacio.

Si en la esfera de la guerra la idea de "maldad" es equivalente a la de traición, pues implica actuar por fuera del interés propio, *ergo* a favor del enemigo, en las religiones adquiere una dimensión moral y significa entregarse al demonio, a Lucifer, al *Shaitán* de la tradición islámica (de Satán, sin duda). Si Dios ya ganó la batalla contra Lucifer, ¿por qué te entregas a él? Actuar o pensar en forma pecaminosa es salir de la heredad protectora y entregarse a lo más nefando. Al modo de actuar del diablo.

Pero una vez constatada la presencia del mal en el comportamiento humano, las religiones han debido plantearse una muy grave pregunta y sobre todo responderla: ¿cómo puede el hombre, hijo de Dios y por lo tanto de su bondad, entregarse al pecado, si sus acciones deben estar previstas y limitadas por el mismo ser todopoderoso que lo creó, que todo lo sabe y anticipa en su omnisciencia? La teología cristiana dio a esto una respuesta contundente: por el libre albedrío.

El libre albedrío, escribió San Agustín, se lo dio Dios al hombre para que pudiera discernir y elegir libremente entre el bien y el mal. Existen muchos matices, y uno de ellos es el "libre albedrío absoluto abierto", que afirma que Dios no sabe de las escogencias del hombre hasta que ocurren; esto sugiere que los meandros de la mente humana son un misterio incluso para el supremo Creador. Sólo así es viable considerar que el mal es culpa del individuo, pues de lo contrario sus actos serían el resultado de un determinismo divino, ajeno a él, y entonces no existirían ni el pecado ni el infierno.

Ni siquiera el mal.

Gracias al libre albedrío, el hombre es dueño de su propio destino y por lo tanto depende de él y sólo de él ganar el cielo o condenarse. Tal es su libertad que puede incluso elegir no creer en Dios, lo que permite sugerir que la obra religiosa no ha terminado y que la batalla entre el bien y el mal continúa en cada vida humana. Esta idea del combate en las religiones muestra a las claras lo que había en el imaginario de las sociedades que las crearon y la dureza a la que estaban acostumbrados los antiguos pueblos, para los que era perfectamente normal —no sobra recordarlo— decapitar al mensajero que traía malas noticias, despellejar al enemigo preso o quemarlo vivo.

Y los dioses, hechos a imagen del hombre, no eran menos despiadados.

En el Testamento judío, Yavé es un dios malhumorado; en ocasiones parece un capataz borracho y enfurecido con sus peones por el modo en que castiga a su pueblo, al que hace sufrir casi por gusto, infligiéndole una serie de castigos desproporcionados, caprichosos y crueles. El libro de Ezequiel, con sus profecías, es por momentos literatura de terror; allí se refiere el castigo impuesto por ese Yavé gruñón yególatra a su gente, con el argumento de que olvidaron respetar sus mandatos. ¡Válgame Dios!

Viendo que Jerusalén se había entregado a la idolatría —prohibida por él—, su ira se levanta y, cual jefe paramilitar, llama a siete de sus mejores soldados (sicarios). Al primero le da orden de hacer una marca en la frente de los jerosolimitanos que lamenten el desmadre que se vive en las calles, y a los otros seis les dice que maten a todo el que no tenga esa marca:

"Matad al viejo, al jovencito y a la doncella, al niño y a las mujeres hasta que no quede ninguno. Pero todo aquel sobre quien viereis la tau (la marca) no le matéis, y comenzad la labor por mi santuario. Comenzaron pues por los hombres más ancianos, los que estaban delante de la casa. 7. Y el Señor los animó diciendo: '¡Profanad la casa y llenad los patios de muertos!'. Y salieron y mataron a todos los que estaban en la ciudad. 8. Y acabada la mortandad, quedé sólo yo. Me postré sobre mi rostro y dije a voces: 'Ay, Señor Dios: ¿por ventura destruirás ahora todas las reliquias de Israel, derramando tu furor sobre Jerusalén?'. 9. Y el Señor respondió: 'La iniquidad de la casa de Israel y de Judá es grande y muy grave, y llena está la tierra de sangre y la ciudad llena de aversión'".

Es probable que el miedo a ese anciano colérico del Testamento —llamado *antiguo* por los cristianos—, al que no le temblaba el pulso para ordenar pasar a cuchillo a una ciudad entera cuando estaba de malas pulgas, como dice Christopher Hitchens, hizo que los rezos a él, y por influencia los de las demás religiones monoteístas, consistieran en humillantes postraciones, genuflexiones, gestos de súplica y pleitesía, como si el creyente fuera culpable de algo horrendo o fuera un esclavo. Ninguna sociedad humana —con excepción de los saludos al rey en Tailandia, debo señalarlo— conservaría hoy tales malabares adoratorios, lo que significa que son sólo una herencia del lejano pasado en el que se crearon.

Ese mismo Dios, en el cristianismo y en el llamado Nuevo Testamento, parece un poco menos irritable a primera vista, aun si la colonia penitenciaria que ideó para castigar a los réprobos, el infierno, es uno de los lugares más terroríficos jamás concebidos por la mente humana, tan desproporcionadamente cruel que tiene algo de infantil. Y algo más: como todo el que castiga, reprime y hace la guerra, también el buen Dios necesita de una poderosa fuerza armada.

El historiador del arte Pablo Gamboa Hinestrosa —mi padre—, al estudiar esa extraordinaria colección de cuadros coloniales anónimos conocida como "Los arcángeles de Sopó" —en Sopó (Cundinamarca)—, habla de la condición guerrera que subyace a la idea del orden religioso, y en la que es muy reveladora la figura del arcángel, "del griego *archággelos*, que quiere decir jefe o príncipe de los ángeles"[8], con San Miguel a la cabeza, pues fue él quien se enfrentó en batalla contra el diablo y por eso está siempre representado con una espada o una lanza, ya que es una deidad guerrera.

"Esta manera de ver a los ángeles tiene su justificación en pasajes bíblicos en los cuales se refieren a Dios como Señor de los ejércitos celestiales y a los ángeles como su milicia", "e igualmente en la Biblia se menciona a los ángeles como ejércitos de Yavé"[9].

8 Pablo Gamboa Hinestrosa. *La pintura apócrifa en el arte colonial. Los doce arcángeles de Sopó.* Bogotá: Editorial Universidad Nacional, 1966, p. 43.

9 Ibíd., p. 127.

Y los ejércitos son para usarlos, porque los soldados, así sea en el paraíso, extrañan la guerra. "En el cielo, me gustaría participar a veces en una guerra, en una batalla", dice un soldado citado por Borges en su *Libro del cielo y del infierno*.

Si el cristianismo tiene imágenes aterradoras de guerras, crímenes y castigos en el origen de los tiempos, al parecer no hay tregua y también las tiene previstas para el final, y así se ha encargado de anunciarlo por vía de uno de sus más fidedignos portavoces: la Virgen María. Es lo que se desprende de esas profecías —de nuevo la intertextualidad con el mundo judío— conocidas como "secretos de Fátima", en particular del tercer secreto, que por su dureza el Vaticano ocultó durante décadas, pues según sus arúspices el contenido era terrible para toda la raza humana. Dice así:

"Después de las dos partes que ya he expuesto, hemos visto al lado izquierdo de Nuestra Señora, un poco más en lo alto, a un Ángel con una espada de fuego en la mano izquierda; centelleando emitía llamas que parecía iban a incendiar el mundo; pero se apagaban al contacto con el esplendor que Nuestra Señora irradiaba con su mano derecha dirigida hacia él; el Ángel señalando la tierra con su mano derecha, dijo con fuerte voz: '¡Penitencia, Penitencia, Penitencia!'. Y vimos en una inmensa luz qué es Dios: 'algo semejante a como se ven las personas en un espejo cuando pasan ante él', a un Obispo vestido de Blanco 'hemos tenido el presentimiento de que fuera el Santo Padre'. También a otros Obispos, sacerdotes, religiosos y religiosas subir una montaña empinada, en cuya cumbre había una gran Cruz de maderos toscos como si fueran de alcornoque con la corteza; el Santo Padre, antes de llegar a ella, atravesó una gran ciudad medio en ruinas y medio tembloroso con paso vacilante, apesadumbrado de dolor y pena, rezando por las almas de los cadáveres que encontraba por el camino; llegado a la cima del monte, postrado de rodillas a los pies de la gran Cruz fue muerto por un grupo de soldados que le dispararon varios tiros de arma de fuego y flechas; y del mismo modo murieron unos tras otros los Obispos, sacerdotes, religiosos y religiosas y diversas personas seglares, hombres y mujeres de diversas clases y posiciones. Bajo los dos brazos de la Cruz había dos Ángeles, cada uno de ellos con una jarra de cristal en la mano, en las cuales recogían la sangre de los Mártires y regaban con ella las almas que se acercaban a Dios".

Que una religión tan pretendidamente pacífica como el cristianismo —que nació siendo mártir, haciendo apología y alabanza del dolor y la fragilidad— le haya dado tal espacio a la guerra tanto en sus orígenes como en su probable destino demuestra hasta qué punto ésta fue importante para los hombres que la crearon y el modo en que, en esas épocas, era una de las manifestaciones naturales de la vida.

En cuanto al mundo islámico, éste cuenta con la tristemente célebre *yihad,* la "guerra santa", e incluso en el budismo aparece la idea de un combate entre el bien y el mal, aunque casi siempre de modo íntimo, en el interior del espíritu, pero que no evitó que algunos de los templos y monasterios budistas se concibieran como fortalezas defensivas.

Al respecto están los antiguos textos budistas conocidos con el nombre de *Tantra de Kalachakra*, que predicen una guerra apocalíptica contra otra religión que vendrá a colonizar el Indostán —por la fecha y detalles se refiere al islam— y que, partiendo de Nueva Delhi, querrá o intentará la conquista de Shambala, un reino espiritual y humano cerca de los Himalayas donde se vive con los preceptos del budismo. Esta guerra, dice la profecía de Kalachakra, tendrá lugar en el año 2424 de la era cristiana, y después de una serie de avatares la ganarán los budistas y florecerá una nueva era en todo el Indostán.

Según el orientalista y estudioso del budismo Alexander Berzin, "la idea de una batalla apocalíptica conducida por un mesías apareció primero en el zoroastrismo, fundado en el siglo VI a.C. en las regiones del actual Irán, e ingresó en el judaísmo en algún momento entre los siglos II a.C. y II d.C. Y, por supuesto, llegó al cristianismo, como puede verse en el libro del Apocalipsis bajo la forma de la batalla de Armagedón, tras de la cual, según creen los Testigos de Jehová, la humanidad volverá al estado de pureza que tenía antes de conocer el pecado"[10].

En Colombia hay innumerables vestigios de religiones y mitos de creación prehispánicos. En la cosmogonía muisca el mundo y todas las cosas nacen de un largo baile al son del tambor, de donde surgen el espacio y el tiempo. Luego los "hacedores" forman los puntos cardinales, las nubes, los caminos, el arriba y el abajo. Según el cronista fray Pedro Simón, en *Noticias historiales de las conquistas de Tierra Firme en las Indias*

---

10 Alexander Berzin. "El mito de Shambala". *Archivos Berzin.*

Occidentales[11], hay también una suerte de diluvio universal o gran inundación. Porque a pesar de la aparente bondad, estos dioses también castigaban, y así el gran Chibchacún, molesto por las faltas que los hombres cometían contra su ley, quiso acabar con la raza humana cubriendo el mundo de agua. Pero llegó Bochica, el protector de la nación chibcha, quien levantó su báculo y creó el salto del Tequendama, de modo que el agua fluyera y la humanidad se salvara de las aguas.

Esta cosmogonía contiene algo inquietante, por cierto, y es que incluye y parece aceptar como bueno el incesto. La gran creadora del mundo, Bachué, salió de la laguna de Iguaque llevando un niño en brazos. La paternidad de ese niño es por lo menos tan misteriosa como la de Jesús, con la diferencia de que, al crecer el niño, Bachué y su hijo se aparean y tienen muchos hijos, creando la nación muisca. En la vejez, ambos regresan a la laguna y se convierten en serpientes; otras versiones dicen que Bachué asciende al cielo, en la noche, y se convierte en Chía, que es la Luna.

5. Fábricas e ingenios

Guerras, cuerpos destrozados por espadas y metralla. Las ojivas nucleares llevan al extremo el viejo principio de matar a la distancia, tanto que ya no existe esa lenta y a veces prolongada observación del que lanza su artefacto para herir al enemigo que ha elegido, como en un macabro baile de seducción y

---

11 Fray Pedro Simón. *Noticias historiales de las conquistas de Tierra Firme en las Indias Occidentales (recopilación, introducción y notas de Juan Friede)*, t. III. Bogotá: Biblioteca Banco Popular, 1981, pp. 409-411.

de muerte. Con estos artilugios modernos, los que se matan entre sí ya no se conocen, ni siquiera se ven y por lo tanto no pueden siquiera odiarse. Pero *deben* odiarse, e insuflar ese odio en el combatiente es una de las tareas del nacionalismo, del discurso bélico moderno. Ya no hay esa observación silenciosa del francotirador agazapado que ve por la mira los últimos gestos de su víctima antes de apretar el gatillo, para luego apreciar cómo los músculos primero se contraen y luego se distienden, cuando la muerte se instala en ellos ya para siempre.

Cada cultura hace la guerra a su manera, con las armas de que dispone y, dada su importancia, conviene dotarse de las mejores, las más implacables y eficaces. Por eso las guerras han supuesto, desde sus inicios, un poderoso motor para el progreso técnico que luego, en épocas de paz, revierte a la sociedad en formas que podríamos llamar "civiles". En un principio, se usaban para la guerra las mismas armas de la cacería, pero con el tiempo las armas se volvieron tan mortíferas que ya no servían para cazar animales, pues los cuerpos quedaban mutilados, carbonizados o contaminados. En ningún caso, aptos para el consumo.

Es el inicio de la industria militar.

Las multitudinarias guerras del pasado son prueba de cómo la astucia y la capacidad de innovación dieron ventaja a quienes, aparentemente, estaban en desigualdad de condiciones. El caballo de Troya es el ejemplo más célebre. Engañar para traspasar las murallas de la ciudad enemiga y destruirla desde adentro. Pero tal vez el caso más extraordinario de cómo la astucia y la técnica dan la victoria a quien es inferior está en la Biblia, en el Testamento: Goliat es un filisteo gigante que acosa a los ejércitos de Israel y David, un sencillo pastor de Judea. De acuerdo con el libro de Samuel, quien cuenta la historia, Goliat medía tres metros y su sola espada pesaba siete kilos. No obstante, el joven David, valeroso y devoto, lo enfrenta diciendo estas palabras:

> "Tú vienes a mí con una espada y con una lanza y con una jabalina, pero yo voy a ti con el nombre de Yavé de los ejércitos, el Dios de las líneas de batalla de Israel, a quien tú has desafiado"[12].

Acto seguido, lanza con su honda una filuda piedra que va a clavarse en la frente del gigante, el cual se derrumba y cae al suelo estrepitosamente, supongo que levantando una nube de polvo. De inmediato David salta sobre el pecho de Goliat y con la farragosa espada le corta la cabeza.

Dado el éxito de la honda de David —la ventaja de matar de lejos—, se creó a partir de ella la catapulta, una suerte de honda gigante que permitía lanzar munición sobre las murallas defensivas. Utilizada por Alejandro Magno para asolar los castillos del imperio persa y a su enemigo Darío, consistía en un sistema de cuerdas elásticas que permitía enviar gran cantidad de flechas y piedras. Esta idea se usó hasta una época relativamente moderna, pues en la Primera Guerra Mundial hubo sistemas similares para propulsar granadas y bombas de gas, e incluso en la muy reciente guerra naval todavía se emplean aparatos así para lanzar aviones desde la cubierta de un barco (portaviones).

---

12 Samuel, 17: 45.

El caso de la pólvora es al revés: se inventó en China para hacer fuegos artificiales, y luego, al llegar a Occidente, se le vio el uso para la guerra. En la narración que Alfonso X el Sabio hace del sitio de Algeciras, en 1278, se nota que ya los árabes contaban con la pólvora:

"... tiraban [los árabes] muchas pellas [bolas] de hierro que las lanzaban con truenos, de los que los cristianos sentían un gran espanto, ya que cualquier miembro del hombre que fuese alcanzado, era cercenado como si lo cortasen con un cuchillo; y como quisiera que el hombre cayera herido moría después, pues no había cirugía alguna que lo pudiera curar, por un lado porque venían [las pellas] ardiendo como fuego, y por otro, porque los polvos con que las lanzaban eran de tal naturaleza que cualquier llaga que hicieran suponía la muerte del hombre".[13]

El siglo xx, pródigo en guerras, fue uno de los mayores en avances tecnológicos. Véase el caso de la bomba atómica, basada en la fisión del átomo por bombardeo de neutrones, que supuso una carrera extraordinaria entre científicos norteamericanos y alemanes en la Segunda Guerra Mundial. Durante la guerra fría llegó a perfeccionarse tanto que "si alguno de los dos ganaba era el fin para ambos"[14]. Este

---

13 Crónica de Alfonso X el Sabio. Edición de Manuel González Jiménez. Murcia: Real Academia de Alfonso X el Sabio, 1998 pp. 201.

14 Harvey Wheeler. *The strategic calculators*. Citado por Hannah Arendt en *On violence*. Harcourt Brace, 1970.

grado de sofisticación tan alto en la industria militar, a unos niveles que no parece posible que un conflicto presente requiera, acabó por cancelar la idea tradicional de guerra, pues, como señala Hannah Arendt, en un hipotético esquema de enfrentamiento entre potencias, los soldados ya no serán necesarios pues no tendrán un campo de batalla adónde ir, ni los estrategas estudiarán el modo de tomar una ciudad, un puente o un núcleo industrial; nada de eso existirá ya. A cambio habrá un grupo de científicos de bata blanca delante de una pantalla —como en *Dr. Strangelove*, de Kubrick— y un botón para activar la destrucción.

El poeta Ernesto Cardenal tuvo una visión de esta guerra en su poema "Apocalipsis", en el que se figura el enfrentamiento y sus consecuencias:

> *Y el acero el vidrio el concreto se evaporaron*
> *Y cayeron convertidos en lluvia radioactiva*
> *Y se desató un viento huracanado con la fuerza del Huracán*
>   *Flora*
> *Y 3 millones de automóviles y camiones volaron por los*
>   *aires*
> *Y se estrellaron contra los edificios explotando*
> *Como cocteles Molotov*
> *Y el tercer ángel tocó la sirena de alarma*
> *Y vi sobre Nueva York un hongo*
> *Y sobre Moscú un hongo*

Y sobre Londres un hongo
Y sobre Pekín un hongo
(y la suerte de Hiroshima fue envidiada)
y todas las tiendas y todos los museos y todas las bibliotecas
y todas las bellezas de la tierra
se evaporaron
y pasaron a formar parte de la nube de partículas radioactivas
que flotaba sobre el planeta envenenándolo
y la lluvia radioactiva a unos daba leucemia
y a otros cáncer de pulmón y cáncer en los huesos
y cáncer en los ovarios
y los niños nacían con cataratas en los ojos
y quedaron dañados los genes por 22 generaciones
—y esa fue llamada la Guerra de los 45 minutos[15].

Esta misma tecnología, que permite semejante tornado apocalíptico, se desarrolla en épocas de paz y al transformarse para usos civiles resulta ser una valiosísima fuente de energía. A pesar del alto riesgo y los continuos accidentes, la nuclear sigue siendo hoy la fuente más grande, barata y, por absurdo que parezca, la menos contaminante y la más segura de todas las que existen.

Otro caso de innovación técnica que proviene de la Segunda Guerra Mundial tiene que ver con los automóviles y el poderío alemán. La Alemania nazi pudo desplegarse rápidamente por toda Europa gracias a sus divisiones blindadas móviles (las *Panzerdivision*), con proezas mecánicas como atravesar el bosque de las Ardenas, lo que les permitió

---

15   Ernesto Cardenal. "Apocalipsis". *Obras completas*, tomo I, p. 216.

cruzar la frontera francesa saltándose la línea Maginot de defensa y ocupar dos tercios de Francia en apenas catorce días. Y esto porque la industria automotriz alemana se adecuó a las necesidades de la guerra y creó motores muy poderosos, económicos en combustible y capaces de superar nieve, barriales y trochas que en muchos casos tenían fama de ser intransitables. En ello trabajó el ingeniero Ferdinand Porsche, quien además creó la marca Volkswagen para Hitler antes de que su nombre se asociara a los automóviles veloces y de lujo. Con tal entrenamiento, no es casual que pasada la guerra esa industria alemana se convirtiera en la más fuerte de Europa, comparable sólo con las de Japón y Estados Unidos (grandes protagonistas también del conflicto).

Muchas cosas dejó esa última guerra mundial, entre las cuales mencionaré algunas que, por pequeñas, no dejan de ser simbólicas: las cuchillas de afeitar para el terso mentón de los soldados y los libros de bolsillo, que podían caber sin ocupar espacio en morrales o uniformes.

La arquitectura también se desarrolló a partir de la guerra. Las fortificaciones o murallas defensivas del pasado suelen ser hoy, junto con las construcciones fúnebres y religiosas, las que más perduran en la mayoría de regiones del mundo. Su solidez les permite mantenerse firmes y resistir al más mortífero e implacable enemigo del hombre: el paso del tiempo.

El puerto de Saint Nazaire, en la costa occidental francesa, conserva aún los aterradores búnkeres construidos por el ejército alemán para proteger su base de submarinos del Atlántico. La edificación fue tan sólida que el bombardeo aliado destruyó el 70 % de la ciudad de Saint Nazaire, incluidos la riada y el puerto, sin lograr hacerle el menor rasguño a esas oscuras moles de granito y acero que hoy, en un gesto conciliador con el pasado y de gran sincretismo, la alcaldía ha convertido en centros culturales.

Sería infinito enumerar los progresos que la guerra ha traído a la aviación, y ya no digamos al mundo naval, empezando por los submarinos y la extraordinaria tecnología que los rodea. Ha corrido mucha agua desde que la balsa de San Pablo se hundió en las costas de Chipre y que *La balsa de la Medusa*, de Géricault, llegó a puerto[16].

6. La guerra artística

La guerra, en el pasado y aún hoy, ha sido uno de los grandes temas del arte y la literatura. Ya he señalado la capacidad de la poesía para atribuir un aura legendaria a las aventuras humanas, sobre todo si son guerreras, no sólo en la antigüedad clásica sino en todas las épocas, como en esa grandiosa novela que es la santa patrona de este libro, *La guerra y la paz*, de Tolstói, que canta la gesta heroica de Rusia en su defensa de Moscú de los ejércitos napoleónicos.

Cada bando se encarga de dignificar su gesta con palabras o figuras pintadas sobre el lienzo, hacerla honorable y sin duda aún más heroica. Por eso los reyes tenían siempre en su corte a poetas que versificaran sus hazañas, y también a

---

16 Todavía hoy me inquieta esta pregunta al pensar en el cuadro: ¿llegaron realmente a puerto?, ¿es tierra lo que ven los personajes que agitan sus blusas y mantas o es otro barco que tal vez los ignore y siga de largo? Esta posibilidad me atormenta.

pintores y músicos. Ellos sabían que el artista era un ser frágil, caótico, con frecuencia borrachín y casi siempre inocuo a la hora de batallar o producir riqueza, pero era el único capaz de darles algo para ellos inalcanzable con el dinero o con las armas, que era la inmortalidad. Así, el artista se labró un espacio de respeto y a medida que la noción de autoría fue adquiriendo valor en la sociedad, se convirtió en una figura importante de la corte, y poco a poco también fuera de ella.

En el mundo de la música, uno de los que más le dieron prestigio al artista en el cerrado reino de las cortes europeas, la impronta militar se convirtió incluso en un género. Mencionaré sólo un par de ejemplos, entre mis preferidos: la *Obertura 1812*, de Tchaikovski, que celebra —otra más— la victoria de los ejércitos rusos sobre Napoleón, y la *Marcha Radetzky*, de Johann Strauss, máxima expresión del nacionalismo austríaco, que glorifica las hazañas de un mariscal de campo de ese nombre y sus batallas al mando del ejército austrohúngaro durante unas revueltas en el norte de Italia, allá por 1850.

Me he detenido un momento sobre los ejemplos musicales —que por lo demás son bastante obvios— sólo por un hecho, y es constatar cómo en tan poco tiempo, menos de un siglo, esto cambió radicalmente. No bien el músico se independizó de palacio —del poder en general—, se acabaron las loas a las hazañas militares. Si alguna canción popular o composición culta incursiona en el tema de la guerra es para señalar su brutalidad criminal, para burlarse del nacionalismo que la provoca o para narrar, eso sí, pequeñas historias humanas de nobleza o valor.

A pesar de que en América Latina se suele considerar a *La marsellesa* el himno nacional "más bonito del mundo"[17], estoy convencido de que si en Francia se hiciera un referendo, hoy, una mayoría avergonzada decidiría como mínimo suprimir su letra, que es un aterrador canto guerrero llamando a los ciudadanos a sacar sus bayonetas y, casi literalmente, destripar a los ingleses (en su quinta estrofa habla de los déspotas mercenarios *aliados de Bouillé*, un monarquista que traicionó a la Revolución y se asiló en Londres), a los que califica de tiranos, déspotas y parricidas.

Aún en 1915, en plena Primera Guerra, el ingenio musical francés hacía canciones populares con tema de guerra. Hay una extraordinaria que se llama *La mitralleuse* (la ametralladora, invento de la tecnología francesa), que por supuesto se ceba en los alemanes (apodados en francés *les Boches*), incorporando a la letra el sonido tartamudo del arma, pero de un modo afectado, típico del cabaret y, casi diría, de burdel francés.

Quand ell' chante à sa manière
Taratata, taratata, taratatère
Ah que son refrain m'enchante[18].

Y al final, en el paroxismo del sentimiento hacia su aparato mecánico, dice con tristeza: "Como todo en la vida

---

17 No es que en otras regiones del mundo no lo piensen, sino que al parecer no les preocupa tan apasionante argumento.

18 *Cuando canta a su manera / Taratatá taratatá taratatá / ¡Cómo me gusta su letra!* (traducción mía).

tiene un final, incluso la guerra... ¡mi ametralladora y yo tendremos que separarnos!".

Algo así podría haber hecho el cantante vallenato Poncho Zuleta en su homenaje al paramilitarismo colombiano, en una de sus canciones, pero prefirió como recurso melódico hacer sonar una ráfaga intercalada con el acordeón.

En la literatura reciente, la presencia de la guerra se hizo cada vez mayor en la medida en que se fue imponiendo algo muy poco alegre, y es el hecho de que en las guerras modernas la mayoría de las víctimas son civiles. El cómico francés Coluche tenía un tremebundo chiste: "En la Primera Guerra Mundial, hubo 75 % de víctimas militares y 25 % civiles. En la Segunda, 50 % militares y 50 % civiles". Y remataba diciendo: "¡En la próxima será mejor ser militar!".

Antes, para contar lo que se vivía en la guerra, el escritor debía ser primero militar, de uniforme y arma de dotación, como lo fueron Malraux o Hemingway o Eric María Remarque, cada cual en su época. Esto significa tener una experiencia de primera mano que permitiera recrearla con verdad en sus ficciones, y es lo que se ve en obras como *Adiós a las armas*, *Sin novedad en el frente*, *L'espoir*. Estas novelas hablan de guerras, pero lo que está en el centro es siempre el hombre: su aventura individual, su fragilidad en medio del remolino de la historia que lo mece a su antojo y lo convierte en héroe o en villano, o a veces, casi siempre, en víctima. En *La condición humana*, de Malraux, el día anterior a una revuelta, en Cantón, una enfermera decide entregarse a un joven médico que la pretende. Al volver a su casa se lo cuenta a su marido. "¿Por qué lo hiciste?", quiere saber él. Y ella responde: "Él lo deseaba mucho, y tal vez mañana todos estemos muertos".

La guerra es una de las más poderosas metáforas de la vida, del tránsito de la vida a la muerte y de la actitud del pobre ser humano, cuyo destino no es otro que esa misma muerte que no comprende, tan incomprensible desde la vida. Ya lo dijo Wittgenstein: "La muerte no forma parte de la vida. No puedo vivir mi muerte".

Hay otro tipo de novelas que usan la guerra como telón de fondo para escenificar grandes dramas existenciales: la culpa, el abandono, la soledad, los vericuetos del amor. Una de las más notables es *El americano impasible*, de Graham Greene, en la guerra de Indochina a principios de los años cincuenta, cuando el ejército francés está en retirada y Hanói y Saigón son presa de atentados sangrientos. Greene estuvo allí como periodista y esto se ve no sólo en los episodios de combate, como el ametrallamiento de los arrozales, en el Mekong, o los bombardeos de aldeas, sino también en su descripción del calor, de los olores del aire o el sabor de la saliva en medio de esa atmósfera tórrida.

Al haberse acabado —al menos hasta un horizonte cercano— la posibilidad de grandes guerras mundiales entre potencias, hoy queda sólo la guerra de los pobres que, esta sí, se sigue haciendo al modo antiguo: armas de corto alcance, pistolas y rifles, y por qué no, también cuchillos oxidados, hachas y a veces hasta golpes de piedra. Como la población civil es la víctima directa, el escritor está más cerca de los hechos para contarlos. Y esto por algo muy común y es que, al igual que en el caso de Graham Greene, no es raro que el escritor haya sido periodista, lo que lo mantiene cerca de los conflictos. En América Latina, es el caso de Horacio Castellanos Moya, cuya obra sobrecogedora y hermosa se nutre de sus experiencias de periodista en la guerra civil de El Salvador de los años ochenta (y que citaré más adelante).

La excepción en estos tiempos de guerras pobres, por cierto, pueden ser las incursiones punitivas de ejércitos como el de Estados Unidos en Afganistán o en zonas de Irak, donde, para adecuarse un poco al enemigo, debieron combatir usando una mezcla de guerra convencional con guerra tecnológica, de un modo que ya había anticipado Hannah Arendt y es la notable desproporción entre los medios militares utilizados y el fin político perseguido, lo que hace sospechar que el fin perseguido, en el fondo, se define por el uso de esos medios militares. Ya lo dijo Hegel: también se hace la guerra para ser reconocido —o temido— por los otros. En estos casos, lo común es que la literatura provenga del lado de las víctimas, pues el escritor, agazapado, se siente más cómodo donde caen las bombas que al lado de los cañones.

7. *La ciencia de la guerra*

Guerras civiles, guerras de conquista, guerras en los más lejanos confines. A diferencia de otros imperios, Roma no solía imponerles su cultura a la fuerza a los pueblos conquistados. Más bien extraía de ellos lo que podía interesarle, que a veces era mucho, como le sucedió en Grecia. Esa conquista es una de las pocas en la historia humana en la que el conquistador adopta la cultura del conquistado. Y no era para menos. Es posible que esta capacidad de asimilación haya sido uno de los secretos de la longevidad del Imperio romano, pero con el tiempo también precipitó su caída.

Si la idea de las leyes proviene tanto de la *polis* griega como del código de Hammurabi en Mesopotamia o de las tablas de la ley de Moisés, el derecho es sin duda la gran herencia de Roma a las repúblicas futuras. Ese ordenamiento según la ley, en términos bélicos, los llevó a concebir la guerra como algo racional, una ciencia exacta en la que se debe establecer en forma previa y muy calculada la disposición de las tropas sobre el terreno, en perfecto orden, la entrada y salida de las armas, el ataque cruzado, el estudio de los vientos para las distancias, las parábolas de la arquería, en fin, un sinnúmero de variables que luego ellos mismos y otras culturas fueron desarrollando hasta nuestros días, elevando ese conocimiento a un lugar tan alto que hasta hace muy poco la mayoría de los países contaban con un Ministerio de Guerra —hoy atenuado al pacífico nombre de *Defensa*— y con especialistas y estrategas formados en academias en las que las matemáticas, la aritmética, la física y la química, la geografía y la historia se estudiaban en función del despliegue de tropas y ejércitos.

III. SARAJEVO, 1993

La única guerra organizada y abierta que [
propios ojos fue la de Bosnia-Herzegovina[
Recién contratado por *El Tiempo* como[
Francia, le propuse a Enrique Santos Cald[
del periódico en ese entonces, ir a Sarajevo[
sobre lo que ya era la más grande guerra[
das —serbios, croatas y bosniomusulmane[
europeo. Enrique, algo sorprendido por n[
primera que le hacía desde que aceptó [
semana antes—, me preguntó cómo era la l[
costaba. Le expliqué todo en detalle y él [

—Bueno, váyase para allá, pero pilas, ¿[
—y agregó—: ¿necesita algo más?

—Sí —le dije—, un chaleco antibalas. Es[
subirse a los aviones de las Naciones Unid[

—Espere un momento… —dijo.

Escuché a lo lejos ruido de botones y l[
dando a alguien. Habló un rato y luego vo[

—Listo, ya le mando uno. Acabo de habla[
de Avianca y va para allá en el avión de esta t[

—No —le dije—, gracias.

Al día siguiente recibí el chaleco —que, por cierto, aún conservo— y me lo probé en uno de los baños de la terminal de llegadas de Roissy. Me quedaba bien y podía servir, aunque era de ceremonia, para ponerse debajo de la camisa.

Poco después, tras pasar un par de días en Zagreb y Split, llegué a Sarajevo en un Hércules de la Organización de las Naciones Unidas (ONU) que transportaba ayuda humanitaria. No tenía sillas sino bancas laterales de madera. Un soldado francés, agarrado a un arnés al lado de una puerta, auscultaba el cielo con unos binóculos. A su lado había un botón rojo.

Le pregunté qué miraba y dijo:

—Si nos disparan un misil debo accionar este botón, que libera un cohete de calor que se lo lleva lejos.

Preferí no distraerlo y volví a mi banca. El aterrizaje fue casi una caída libre, y luego, al carretear por la pista, vi los techos desfondados de las casas, algunos todavía humeantes, y las montañas que encajonaban la ciudad.

Cuando el Hércules se detuvo, la parte trasera de su barriga empezó a abrirse y los soldados nos urgieron a bajar.

—¡Corran, corran! —dijo uno, y señalando con el dedo el lado contrario de la pista, gritó—: ¡disparan desde allá, pero con las turbinas uno no oye los tiros!

El aeropuerto estaba abaleado y destruido. La torre de control, recostada hacia el costado derecho, parecía una copia siniestra de la de Pisa. No había un solo vidrio bueno. Los muros estaban llenos de orificios de bala y alguien se había divertido en hacer círculos alrededor con flechas que indicaban: "Cese al fuego de 12/9/1992", "Cese al fuego de 20/3/1993", etc. Al llegar a la oficina de control me llevé una de las más grandes sorpresas de mi vida, pues el militar de Unprofor[19] que revisaba las maletas de los periodistas para comprobar que no había armas… ¡era un policía colombiano! Uno de los 56 que Colombia envió a Bosnia en cooperación con la ONU[20].

El hotel de periodistas, el único que funcionaba en la agonizante ciudad, era el Holiday Inn de la avenida Mariscal Tito, rebautizada como avenida de los Francotiradores. El cuarto que me asignaron tenía dos pesadas cortinas de asbesto que impedían que entrara la luz del día. Las corrí a los lados, pero me quedé atónito con el panorama: en la calle, cuatro pisos más abajo, un caballo agonizaba en medio de un charco de sangre, gimiendo y moviendo las patas como por impulsos eléctricos; junto a él, un camión volcado empezaba a incendiarse. El vidrio de mi ventana tenía dos perforaciones de bala que no parecían demasiado viejas. Cerré las cortinas y nunca más volví a abrirlas. A partir del piso sexto el hotel estaba destruido y quemado. Junto a la recepción, un letrero decía: "El hotel Holiday Inn pide disculpas a sus huéspedes por las incomodidades creadas por el estado de guerra".

Estuve ahí algo más de un mes, caminando por toda la ciudad —no había transporte público—, corriendo entre las trincheras, escuchando balaceras lejanas, charlando con los milicianos bosnios y, en dos ocasiones, bajando

---

19 Fuerza de Protección de la Organización de las Naciones Unidas.

20 Recuerdo con afecto al teniente Bahamón, quien me ayudó una vez con un tema complicado en Split, y a quien volví a ver años después durante una firma de libros en Bogotá, ya retirado de la Policía.

precipitadamente en plena noche al refugio antiaéreo del hotel —el antiguo centro termal y gimnasio— por causa de bombardeos que, en la práctica, eran lanzamientos continuos de obuses o granadas desde las montañas.

La única vez en lo que llevo vivido en que realmente estuve en peligro de muerte fue precisamente en ese viaje, en un día tranquilo y apacible. Lo transcribo tal cual lo anoté en mi diario ese mismo día (en esa época llevaba diarios por influencia de Jünger y de Ribeyro).

"21 de junio

"Por primera vez sentí esta mañana que había arriesgado la vida. Estaba dando una vuelta a pie por el centro y, de pronto, cerca de la Ópera, oí un fuerte zumbido, como una turbina atravesando el aire. La gente corrió a protegerse bajo los portales y segundos después una fuertísima detonación hizo temblar el asfalto. Yo estaba en la entrada de un edificio y la onda expansiva me empujó hacia adentro. Sentí un fuerte tirón en la piel de la cara. Luego el ruido de escombros cayendo de lo alto, y gritos. Perdí el conocimiento unos segundos y al abrir los ojos estaba en medio de una nube de polvo. Un tremendo olor a pólvora o gasolina, no recuerdo, me entró por las fosas nasales y vomité. Junto a mí había un niño, también caído. Me asomé a la calle. El edificio del frente tenía un boquete a la altura del primer piso, se veían los restos de una sala. Asomada desde arriba, una señora gritaba histérica: era la mamá del niño. Un soldado bosnio llegó en bicicleta y me preguntó si estaba bien.

"Yo me había sentido muy seguro hasta ese momento. Había caminado por la avenida Marsala Tita desde el Holiday Inn hasta el centro, siguiendo las líneas de barricadas que protegen de los *snipers*. Había visto los puestos de venta informales, las cafeterías en las que sólo se puede comprar agua o cerveza y unos bizcochos hechos con harina que tienen un lejano sabor a chocolate. Estaba muy tranquilo y por eso la explosión me dejó como fuera del mundo. A los dos minutos, sin embargo, me di cuenta de que la vida volvía a sus términos normales: sólo dos heridos y una cicatriz más en el casco antiguo de esta entrañable ciudad.

"Más tarde sentí una gran emoción al ver una librería, y entré a mirar. Los estantes estaban vacíos. Habían puesto los pocos libros que tenían sobre dos mesas y leí con avidez los títulos: libros de matemáticas, métodos de ruso, y entre todo eso, *El tambor de hojalata*, de Grass, traducción serbocroata. No sé por qué eso me hizo sentir feliz. Estoy ahora en el hotel, es medianoche y acaban de cortar la luz. Se escuchan tiros de *snipers* a lo lejos, de vez en cuando alguna explosión más fuerte".

Conocí la barbarie de la guerra en ese ir y venir —hice otros dos viajes largos, uno de ellos en invierno, durísimo, en febrero de 1994—, buscando temas para mis crónicas y, simultáneamente, intentando expresar cosas contradictorias como la repulsión por ese estado de demencia colectiva y al mismo tiempo la admiración por la actitud de los sarajeveses que lucharon y perdieron la vida defendiendo una idea, un modelo de convivencia multiconfesional y multiétnica opuesto a la pureza excluyente y racial de los *chetniks*, los serbios nacionalistas, que contaban con los arsenales de la antigua Yugoslavia (tenían el apoyo abierto de Slobodan Milosevic desde Belgrado) y estaban dispuestos a quemar hasta el último cartucho para construir su anhelada nación serbia (la República Srpska, *Vojska Republike Srpske*).

Viéndolos aprendí que la trampa más peligrosa del nacionalismo es sentir nostalgia de una patria que nunca ha existido, pues la Gran Serbia, tal como ellos la conciben y con su capital en Sarajevo, no ha existido nunca en la realidad[21]. Una situación que comparte con el País Vasco y el Kurdistán, que han vivido repartidos en países que no consideran suyos (los vascos entre España y Francia, los kurdos entre Turquía, Irak, Irán, Siria y Armenia), motivo por el cual suele haber en ellos grupos armados que reivindican la independencia y combaten el poder central del Estado en el que viven. Y basta muy poco para que esa situación se convierta en deseo de revancha histórica.

¿Cómo empezó la guerra de Bosnia? Muerto el mariscal Tito, en 1980, el variopinto mosaico de pueblos y religiones que era Yugoslavia logró mantenerse unido durante

---

21 En efecto, durante 37 años (de 1882 a 1918) existió un pequeño reino de Serbia en los Balcanes, independiente del Imperio otomano, que se disolvió tras la Primera Guerra Mundial al quedar unido a los estados de Montenegro, Croacia y Eslovenia.

diez años usando un sistema de presidencia federal rotativa entre los principales grupos étnicos —serbios, croatas, bosniomusulmanes—. Pero en 1991, cuando le tocaba presidir a Croacia, Belgrado desplegó el ejército y anunció que el presidente serbio, Slobodan Milosevic, se iba a quedar un poco más. Ante esto, los croatas decidieron irse de la federación y se proclamaron independientes, y Alemania anunció que los reconocía. De inmediato, la aviación yugoslava bombardeó Zagreb, y el ejército lanzó un ataque contra Croacia y Eslovenia, en cuyos territorios vivía población serbia. La campaña contra Eslovenia no prosperó, pero en Croacia lograron conquistar un tercio de la república. Ante esto, y temiendo la hegemonía serbia, los croatas y musulmanes de Bosnia-Herzegovina también se declararon independientes de Yugoslavia en octubre de 1991, y ardió de nuevo Troya.

La guerra se extendió a toda la federación, aunque muy pronto se concentró en Bosnia-Herzegovina, donde vivían mezcladas las tres etnias. Y algo más: bajo el conflicto político y territorial, corría el religioso, pues los croatas eran católicos; los serbios, ortodoxos, y los bosnios, musulmanes. Y como pasa siempre en las guerras, los extremos acaban liderando. Una parte de los mandos y la población croata resucitó el viejo sentimiento *Ustacha*, un racismo religioso y nacionalista que prosperó durante la Segunda Guerra Mundial, aliado a los nazis, mientras que los nacionalistas serbios y ortodoxos —los *chetniks*— fueron resistentes antifascistas. Así, los bosniomusulmanes, descendientes de yugoslavos convertidos al islam durante el periodo de dominación turca, se vieron muy pronto cercados en sus ciudades.

Esta guerra, tan despiadada como suelen serlo las guerras civiles, me permitió palpar de primera mano los tenebrosos retruécanos a los que acude la mente cuando se trata de aniquilar al enemigo. En una ocasión, en el hospital sarajavés de Kosovo, vi a una niña de siete años caminar con muletas por la improvisada sala de juegos del pabellón infantil. Sólo una pequeña pierna bajaba de su falda, pues la otra se la había arrancado un tiro de fusil Zastava M76. ¿Cómo se le puede disparar a una niña?

—En la lógica de la guerra —me explicó uno de los médicos—, los francotiradores les disparan a niños, mujeres o ancianos, pero sólo para herirlos, pues sus verdaderos objetivos son los hombres que vienen a socorrerlos.

Lo mismo se decía de las tropas rusas en Afganistán, que lanzaban juguetes bomba para herir a los niños. Lo que vi en Bosnia es que este tipo de operación, que busca minar la moral, lo que logra en la mayoría de los casos es lo contrario: darle alas y azuzar aún más el odio. Un odio bien alimentado es la mejor arma para seguir matando.

Parecido principio al de las minas de fragmentación que con gran orgullo —y éxito de ventas en Colombia— produce la empresa norteamericana Claymore Inc., cuya virtud principal consiste en destruir los miembros inferiores de la víctima sin matarla, pero infligiéndole horribles dolores durante un tiempo largo, con lo cual al menos otros dos combatientes tienen que ocuparse en su atención. Este tipo de minas han ocasionado ya diez mil víctimas desde 1990 en Colombia, de las cuales 40 % han sido civiles (centenares de niños campesinos).

La guerra de Bosnia —y su salvajismo particular— fue una prueba fehaciente de esa ley implacable del ser humano a la que, hasta entonces, sólo había asistido en libros o en el cine, según la cual no bien el marco civilizador desaparece, por el motivo que sea, los hombres regresan a las cavernas, a la ley del más fuerte, al sonido y la furia[22]. El instinto de poder sale a flote y campea de nuevo si nada se le opone. Esto pasa cuando el orden que lo inhibe cesa de actuar o se cambia por otro cuyas reglas, en lugar de mantenerlo a raya, lo estimulan. Es el caso de aquel soldado alemán que, en la Segunda Guerra, envía orgulloso a su mamá una foto en la que está fusilando a una mujer judía con un niño en brazos[23].

Lo peor es que la cultura no es un antídoto infalible. Haber leído libros sabios y conmoverse con el arte o la música no es un blindaje certero contra este cruel principio. Puede evitarlo en ciertos casos, pero su efectividad es variable. Ejemplo de ello es Alemania, una sociedad culta y exquisita como pocas que se entregó en forma mayoritaria y acrítica al genocidio. Claro que intelectuales como Thomas Mann o Hermann Hesse se opusieron, pero poca gente los siguió. Esto siempre me pareció extraño y contradictorio. O al menos lo fue antes de ir a Bosnia.

En Sarajevo entrevisté en la cárcel a un joven de 24 años, acusado de crímenes de guerra y contra la humanidad. Aún conservo fotos suyas: un muchacho flaco, con la piel

---

22 Una de las versiones literarias que prefiero de esto mismo es la genial novela *Ensayo sobre la ceguera*, de José Saramago.

23 Esta fotografía aterradora, tomada en Ucrania en 1942, está en el libro *Los verdugos voluntarios de Hitler*, del sociólogo Daniel Jonah Goldhagen.

amarillenta. Ojos claros. Era un serbobosnio al que se le condenó por violar, degollar, rociar con gasolina y quemar vivas a 35 mujeres bosniomusulmanas. Y no negaba su crimen. Decía, sin expresar la menor señal de arrepentimiento, que había cumplido órdenes, que era eso lo que le habían dicho que debía hacer, y ya.

Recuerdo la extrañeza de mis colegas William Restrepo y Eduardo Febbro, de Caracol, y la mía propia, al escuchar las palabras del intérprete y tratar de encontrar equivalencia en los gestos de ese muchacho frío, que miraba por una diminuta ventana de hierro las nubes lejanas y tal vez pensaba que muy pronto, cuando sus jefes ganaran la guerra y acabaran de aniquilar a toda la población de esa ciudad, él saldría libre y la gente olvidaría lo que hizo; o tal vez el nuevo estado de cosas convirtiera sus crímenes en actos de servicio normales e incluso, por qué no, en actitudes heroicas.

La experiencia de este joven —con frecuencia me pregunto ¿en qué cárcel estará?, ¿habrá pasado por tratamientos psiquiátricos?, ¿se habrá suicidado?—, unida a la información de los hechos atroces que provienen de decenas de lugares del mundo, incluido el propio conflicto colombiano en todos sus ángulos, me convence aún más de que en los grandes crímenes, tanto el que empuña el arma como el que, con sus ideas y eslóganes, contribuye a eliminar un orden y a sobreponerle otro en el que éstos se validan y justifican, son igual de asesinos. E incluso diría que el segundo es peor, ya que el que dispara en la nuca, el que corta un brazo con una motosierra o pone una bomba en un parqueadero es responsable de su crimen individual, mientras que el otro, el que construye la atmósfera que lo permite, es responsable de todos los crímenes.

IV. La Arcadia inevitable

1. El bienestar

No es necesario ser optimista para creer en las bondades del progreso humano. Basta abrir los ojos para ver que hoy se vive con más justicia, seguridad, salud y equidad que hace dos o tres siglos. Si una tarde nos encontráramos frente a frente con un soldado del año mil y un fraile del *Libro de buen amor*, comenzaríamos por pensar que se trata de enfermos mentales escapados de algún manicomio, y una vez que nos acostumbráramos a su olor, a sus cicatrices, a su boca desdentada y a su terrible aspecto, gran parte de sus hábitos y raciocinios nos parecerían crueles, irracionales, incluso ridículos; lo más probable es que nos neguemos a reconocerlos como ancestros y que empecemos a desconfiar de nuestra propia biología.

Porque a pesar de las gravísimas inequidades que aún subyacen, la humanidad como colectivo ha dado un salto gigante en lo que se refiere a su bienestar y al establecimiento de una serie de "mínimos" para la convivencia que, por más que hoy nos parezcan obvios, se conquistaron centímetro a centímetro, con miles de víctimas regadas por el camino.

Baste recordar, como ejemplo entre miles, que hace poco más de cien años los negros eran todavía esclavos en Estados Unidos —algo que el cine de Hollywood se encarga de recordarnos cada tanto—, o que hacia 1915 había letreros en los parques de Shanghái en los que podía leerse: "Prohibida la entrada de perros y de chinos". En la Amazonia colombiana, a principios del siglo xx, el empresario peruano del caucho, Julio César Arana, fundador y propietario de la Peruvian Amazon Rubber Company, organizaba en el Putumayo cacerías humanas donde las presas eran indios e invitaba a sus amigos a dispararles en medio de francachelas, lo mismo que el rey Leopoldo II de Bélgica, cuyas expediciones de tiro contra seres humanos se hacían en una finquita que tenía en África y que se llamaba el Congo Belga (República Democrática del Congo, en la actualidad). Hoy, en Colombia, los indígenas tienen representación parlamentaria, son propietarios —gracias a la Constitución— de un enorme territorio ancestralmente suyo (llamado *tierras de resguardo*) y, a pesar de estar sujetos a la ley nacional en su calidad de ciudadanos colombianos, en muchas de sus controversias la justicia tiene en cuenta sus leyes y hábitos rituales.

Ni hablar de los debates relativamente recientes sobre los plenos derechos de la mujer —entre éstos el aborto—, y su igualdad laboral y salarial, que hace tan sólo treinta años podrían parecer de ciencia ficción, lo mismo que el reconocimiento de las comunidades LGBTI, el matrimonio gay y su derecho a la adopción, discusiones aún en curso a las que se opone una parte de la sociedad, asaetada por la Iglesia, pero que acabarán por convertirse, a su vez, en certezas inamovibles, puesto que el humanismo siempre ha conseguido imponerse sobre los crucifijos. Es sólo cuestión de tiempo y paciencia. Se logró incluso sobre controversias antiguas e históricas, de cuando la Iglesia tenía el poder de oponerse a casi todo, incluida la astronomía (recordemos a Galileo Galilei, que esperó 450 años para ser absuelto, ¡y la absolución llegó!).

Se ha progresado, se han dejado atrás comportamientos bárbaros, y el ingenio y la curiosidad humana no se han detenido un solo instante en su empeño por desentrañar los secretos de la naturaleza y del cosmos.

No obstante, en esa precipitada carrera se ha incurrido también en nuevas y espeluznantes formas de barbarie, tales, que a nuestros dos visitantes del pasado, con su aspecto demencial y su olor a animal de selva —ese soldado y ese fraile— se les pondría la carne de gallina, y puede que, ante ellas, se llevaran las manos a la cabeza y acto seguido, negando que somos descendientes suyos, regresaran raudos a sus respectivas épocas sin querer recordar nada.

Ya nos lo advirtió el pesimista Cioran: "Cada cosa nueva nos obliga a perder algo".

Porque la humanidad, como en el poema de Withman, se contradice con frecuencia —"Es amplia, contiene multitudes"—, y así, por desgracia, no sólo progresa lo que pretende el bien común, sino también su contrario: de la mano de la riqueza aumentan la exclusión, la inequidad y la xenofobia; de la mano del progreso tecnológico, la arrogancia suicida ante la naturaleza y su consiguiente devastación; de la mano de la justicia universal, la patente de corso para los crímenes de ciertas naciones y en cambio la hipersensibilidad para los errores de otras; de la mano de la salud, que avanza y hace más llevadera la enfermedad —y por consiguiente la vida—, la proliferación de tremebundas dolencias modernas y síndromes que son el espejo de los grandes dramas contemporáneos —caso del síndrome de Ulises, exclusivo de los inmigrantes ilegales y relacionado con el miedo—; de la mano de la democracia, la flagrante corrupción y el abuso de poder, el nepotismo y el asalto a las arcas públicas.

Como si todo lo anterior no bastara, desde hace poco menos de un siglo el hombre logró encontrar el poder —y, por supuesto, dotarse de él— para destruir el planeta con su deslumbrante tecnología militar, y también amenaza con hacerlo en lo económico, so pretexto de que los capitales son como las aves migratorias, condenando a regiones vastísimas a no ser más que espectadores y peones de trabajo de lo que producen sus propias tierras; la volatilidad financiera y la absoluta libertad de los mercados condujeron a la quiebra y al desamparo a familias que llevaban toda la vida ahorrando y pagando sus impuestos correctamente, mientras que los responsables, quienes causaron esa caída, están retirados en confortables cuarteles de invierno; la gran revolución que supuso internet trajo el universo entero a nuestras mesas de trabajo, pero también un ojo extraño y vigilante, una suerte de panóptico universal que merodea a su gusto en nuestra vida privada y casi en nuestra conciencia, espiando a su antojo en esos sucedáneos que son el correo electrónico y las múltiples formas de intimidad que ofrece la red.

2. ¿Progresa el espíritu humano?

La presencia de la paz en una sociedad permite formularse todas estas preguntas: ¿progresa realmente el espíritu humano? ¿Hay una Arcadia inevitable situada en el futuro, allá muy lejos, hacia la cual la humanidad se dirige con esfuerzo, vadeando charcos y cañadas, a veces de rodillas y a veces cojeando, incluso retrocediendo por momentos, pero siempre firme hacia adelante? ¿Serán los hombres del futuro mejores, más libres, más sanos y más sabios que nosotros? ¿Será nuestra posteridad una época feliz en la que el hombre habrá resuelto sus diferencias y descubierto el mejor método para convivir? ¿Será lo que se avecina un trasunto de ese "fin de la historia" que predijo Fukuyama al hablar de la democracia?

Existe un libro que, desde su publicación en 1795 en Francia (en el 13 Germinal, para ser exactos), se consideró "la biblia del optimismo", ya que es un texto claro y militante a favor de la idea del progreso. Se trata del *Ensayo de un estudio histórico sobre el progreso del espíritu humano*, del marqués de Condorcet, Marie-Jean-Antoine-Nicolas de Caritat. Mi admirado Cioran, que hizo la filosofía contraria, la del pesimismo y el malestar vital, se burlaba con sorna de Condorcet y su *Ensayo* por los hechos dramáticos en que lo escribió.

Condorcet era miembro del comité de redacción de la nueva Constitución francesa —después de la Revolución—, pero decidió oponerse al texto definitivo que, tras una serie de debates, había adoptado la Convención Nacional. Como el espíritu democrático estaba apenas balbuceando, los miembros de la Convención se molestaron y profirieron contra él una orden de arresto inmediata. Condorcet no quiso entregarse y se escondió en la casa de unos amigos cerca de la plazoleta del Odeón, en París; fue precisamente ahí, en ese encierro obligatorio, donde escribió su famoso *Ensayo*.

Un año después, harto del encierro y con ganas de beberse una copa de vino en libertad, salió a los extramuros de París, pero fue reconocido por la esposa de un bodeguero, que lo denunció. Lo arrestaron de inmediato y dos días después apareció muerto en la cárcel. Aparentemente, se suicidó.

Al malvado Cioran este final trágico le daba mucha risa, pues no dejaba de ser paradójico que el filósofo que tanto creía en el progreso y la bondad del ser humano… ¡acabara denunciado por la esposa de un bodeguero!

Condorcet pensaba que el progreso de la sociedad y del individuo se dirigía inevitablemente hacia un grado superior de perfección, en el que la civilización habría de lograr nada menos que la felicidad humana. Una especie de retorno al paraíso perdido, en el que la paz sería la condición primordial y fundamental. Para él, las condiciones necesarias eran tres, bastante razonables por cierto:

1. El fin de la desigualdad entre las naciones.
2. La igualdad en el interior de cada pueblo.
3. El perfeccionamiento real del hombre.

Dice Condorcet: "Al dar respuesta a estos tres puntos encontraremos, tanto en la experiencia del pasado, como en la observación del progreso logrado hasta hoy por la ciencia y la civilización, en el análisis del avance del espíritu humano y en el desarrollo de sus facultades, muy poderosos motivos para creer que la naturaleza no opondrá ningún límite a nuestras esperanzas"[24].

Y va aún más allá en los detalles, puesto que al trazar las claves para construir la felicidad humana futura no duda en proscribir el sojuzgamiento de unos pueblos por otros, ni en condenar el imperialismo o las formas de colonialismo que, siglos después, fueron el origen de muchas guerras y que hoy continúan siendo la pólvora de tantas y muy variadas reivindicaciones políticas.

"Los pueblos sabrán que no pueden convertirse en conquistadores sin perder su libertad; que las confederaciones perpetuas son el único modo de mantener la independencia y que éstas deben buscar la seguridad y no el poder. Poco a poco los prejuicios comerciales se disiparán; el falso interés mercantil dejará de ensangrentar la tierra y de arruinar las naciones so pretexto de enriquecerlas. Como los pueblos acabarán por acercarse en los principios de la política y la moral, se llamará a los extranjeros a compartir con más equidad los bienes de la naturaleza y los de su industria, y así todas estas causas que crean, envenenan y perpetúan los odios nacionales, desaparecerán poco a poco, y por ello no habrá lugar para el furor bélico, ni le servirán de alimento ni pretexto"[25].

---

24 Condorcet. *Esquisse d'un tableau historique des progrès de l'esprit humain*. GF, Flammarion, 1988, p. 267. La traducción es mía.

25 Ibíd., p. 288.

En esta Arcadia futura acabarán por extinguirse totalmente la guerra y el crimen como necesidad para el avance de la historia, y pasarán a ser sólo la expresión de la pura maldad[26].

"Las instituciones, mejor concebidas que aquellos proyectos de paz que han ocupado el ocio y consolado el alma de tantos filósofos, servirán para acelerar el progreso de esta fraternidad de naciones; y así las guerras entre los pueblos tanto como los asesinatos y crímenes, serán vistos por todos como atrocidades extraordinarias que humillan y rebelan la naturaleza, que imprimen un largo oprobio sobre el país y sobre el siglo en que fueron perpetradas"[27]. Es un optimista, claro, pero es innegable que muchas de sus profecías sociales se cumplieron en la Francia de fines del siglo xx, e incluso en todo Europa: el estado de bienestar, la educación laica y gratuita, la seguridad social que él predijo ("aseguraremos a los que lleguen a la vejez con una ayuda producida por sus ahorros, pero aumentada por las de aquellos individuos que, haciendo el mismo sacrificio, mueren antes de tener necesidad..."[28]) y tantas otras cosas que tienen como objetivo reducir la desigualdad, que no es más que el producto del azar entre los seres humanos.

Condorcet, claro está, habla a fines del siglo xviii, y por eso para él el progreso del mundo pasa por que todas las naciones del globo adopten las reglas de vida que él considera más avanzadas, que son las de Francia y Estados Unidos, con revoluciones recientes y grandes propuestas

26 Condorcet, como todo moralista, cree intensamente en la existencia de la maldad (sin la cual no hay bondad).

27 Condorcet. Ob. cit., p. 288.

28 Ibíd., p. 273.

Es inalienable el dere[...]
espiritualidad de un mo[...]
tener la misma actitud t[...]
religiones, sin darle pri[...]
otras. En este sentido es[...]
pública francesa, que es [...]
y republicana".

En el adjetivo "repub[...]
otra idea que proviene [...]
la Revolución francesa-[...]
general para selecciona[...]
los cargos de administr[...]
competencia y la selecc[...]
mado *meritocracia*—, y ya[...]
recompensa o herencia [...]
La frase que se hizo fam[...]
fue la siguiente: "Tene[...]
mejores, y los mejores s[...]

Pero volviendo al asu[...]
Colombia, que adoptó u[...]
tituciones administrativa[...]
fines del siglo XIX, no ha[...]
llegó a nuestras tierras ba[...]
si se recuerda que la cor[...]
proviene de España, ese [...]
rrado y sacristía, / devoto [...]
Machado. De ahí que, d[...]
avanzar en sentido cont[...]
a los cuales gran parte d[...]
incluso hoy.

sociales en lo que se refiere al humanismo y a la libertad política, algo bastante acorde con su personalidad de intelectual ilustrado.

El marqués apoyó la Revolución francesa (pese a ser de origen noble), un estallido que supuso sangrientos combates y el ya conocido juego de las decapitaciones que sepultó el viejo orden e introdujo uno nuevo, y que dejó como símbolo esa frase famosa de Marie Antoinette, cumbre de la insensibilidad de las clases aristocráticas (*s'ils n'ont pas de pain, qu'ils mangent de la brioche*[29]). Además, incorporó todo esto a sus ideas como uno de los pasos necesarios para combatir la desigualdad, obstáculo del progreso humano, e insistió en la paz como bien supremo, aunque hubiera que llegar a ella blandiendo sables y disparando mosquetes, o liberando la tranca de la guillotina para que cayera sobre los tersos cuellos de la nobleza, eso que León de Greiff llamó "la ducha rígida". Todo está justificado cuando la paz se vislumbra en el horizonte, pues para Condorcet es el único y supremo objetivo de todo proyecto de civilización, sólo alcanzable en una comunidad de seres humanos libres.

Pocos años antes, en 1761, el descreído y anticlerical Voltaire (padre de esa universal tendencia humana a considerarse más inteligente cuando se ataca una idea que cuando se la acepta con humildad) ya había hecho una propuesta de paz perpetua y universal bastante jocosa; éste, a diferencia de Condorcet, muestra a las claras poca fe en sus congéneres:

---

29 Si no tienen pan, que coman pasteles (traducción alternativa a la versión hispana, transformada en dicho popular: "A falta de pan, buenas son tortas").

"Para mejor consolida
dremos en contacto (.
lama, a nuestro santo
santo padre el muftí y
los cuales se pondrán
a las exhortaciones d
Terminaremos inmedi
de la justicia eclesiástic
pueblo, de los nobles y
la toga, de los amos y c
de las esposas, de los au
plenipotenciarios orde
no tengan jamás ning
folleto de Jean Jacques
del universo la segunda

3. ¡A rezar a los templo

Tal vez uno de los más val
nidad en favor de la paz
de sangre que han provo
religiones. Que un grupo
pendientes haya podido d
medida— que los asuntos
del culto religioso, y que
son dos realidades separada
des de la razón sobre la fe,

---

30 Voltaire. *Rescripto del emperad*
Clásicos Alfaguara, 1978, p. 24

Sólo con la Constitución de 1991 llegó el laicismo a Colombia, en un texto que de todas maneras invoca la protección de Dios, así con mayúscula, aunque sin especificar de cuál dios se trata. Ahí se define a Colombia como un Estado social y democrático de derecho, pluriétnico y multicultural, con las siguientes palabras:

"Es un Estado social de derecho, organizado en forma de República unitaria, descentralizada, con autonomía de sus entidades territoriales, democrática, participativa y pluralista, fundada en el respeto de la dignidad humana, en el trabajo y la solidaridad de las personas que la integran y en la prevalencia del interés general" (artículo 1).

Por ello, la Constitución garantiza la libertad de cultos (artículo 19), la libertad de conciencia y pensamiento (artículos 18 y 20) y la igualdad entre todas las confesiones religiosas. Recomienda a su vez tener una visión secular del poder político, ser autónomo respecto de las confesiones religiosas, así como reconocer y garantizar los derechos civiles y políticos de la ciudadanía, sin importar su opción religiosa. Afirma que, al ser un Estado laico, debe ser neutral frente a las religiones que existen en el país, asegurando el pluralismo, la coexistencia igualitaria y la autonomía de las distintas confesiones religiosas (artículo 18). Y, por supuesto, la disposición sobre libertad religiosa también protege la posibilidad de no tener culto o religión alguna.

Pero estas palabras, que están muy bien en el espíritu y en la letra, deben aún encarnar en la realidad; son sólo semillas esparcidas a las que les falta retoñar en nuestra tierra, tan fértil para ciertas cosas y, en cambio, tan reseca para otras. En lo referido al laicismo, el texto constitucional es una declaración de intenciones a la cual los intérpretes, la mayoría de quienes lideran la vida pública, están llegando lentamente, a veces con retardo de años y sobre todo a distintas velocidades.

¿Recomienda la Constitución tener una visión secular del poder político? Mencionaré, entre muchos, un episodio que muestra el poco apego a esta norma: supongo que todos los colombianos mayores de edad recordaremos el día de la liberación de Íngrid Betancourt, uno de los grandes triunfos de la inteligencia militar. Recordaremos también que ese mismo día el presidente de entonces, Álvaro Uribe Vélez, con la voz quebrada por la emoción, dijo ante los micrófonos que el éxito del operativo había sido un logro de "la Virgen María, por intermedio del ejército colombiano". Y, acto seguido, bajó la cabeza e invitó a la concurrencia a rezar un *Dios te salve María* en vivo, desde el palacio presidencial y con la bandera nacional detrás, ante las cámaras de televisión —atónitas, supongo— de todo el mundo, dando al planeta, directamente desde Bogotá, un bonito y folclórico espectáculo de devoción criolla.

Ese tipo de situaciones no son controvertibles, claro, pero de serlo uno se preguntaría: y si los secuestrados hubieran sido colombianos de fe islámica o judíos o embera katío, ¿qué habría hecho el ejército, comandado por una implacable Virgen María de camuflado y binóculos, ascendida de pronto a general de cinco soles?

Son incontables, en Colombia, los casos de funcionarios que interpretan la ley y juzgan a los demás de acuerdo con sus convicciones religiosas, so pretexto de que éste siempre ha sido un país católico, lo que en ocasiones transforma la vida pública en una irritante pugna de sacristanes, en el mejor de los casos, o de comisarios de la Santa Inquisición, en los momentos más graves, y ahí los ve uno dándose mañas, expurgando los códigos civiles o penales o administrativos para ver cómo logran adecuarlos al sentido de sus creencias.

Sin embargo, ¿qué pasaría si el día de mañana un funcionario de religión islámica decidiera imponer la *sharia* en el país con el pretexto de que representa a una parte nutrida de la población, y luego dice por televisión que los éxitos de la policía o el ejército se deben a la grandeza de Alá, y promete el paraíso coránico y las vírgenes a los soldados muertos por el profeta? Suena bastante irreal y lejano, ¿verdad? Pero si se acepta como normal y se permite el primer caso, se debe considerar posible también el segundo.

Para que sea aliada de la paz y la concordia, la libertad de cultos debe ser amplia y dar espacio a todos, como dice en la Constitución. Paradójicamente, incluso a aquellas doctrinas que se oponen a la libertad de cultos, como el lefebvrismo, que rechaza la *Dignitatis humanae* promovida por el Concilio Vaticano II y, por lo tanto, la libertad civil y religiosa. Son las dificultades de la tolerancia. Igual le pasa a la democracia, que acepta a partidos antidemocráticos. Por eso es más fácil y confortable ser intolerante.

Pero es que bajo el trepidante suelo patrio hay ciudadanos budistas, cienciólogos, rastafaris, raelianos, maradonianos, y puede que muy pronto también caodaístas, una muy atractiva religión sincrética con sede en Vietnam y con un siglo de antigüedad —¡tiene cuatro millones de fieles!— cuyos santos son Buda, Mahoma, Jesucristo, Pericles, Lenin y el novelista francés Victor Hugo.

Cuando la fe choca con la realidad administrativa de un país y continuamente hace volar chispas, se entiende por qué las religiones, desde sus orígenes, han sido obstáculos para la paz. Y esto a pesar de que deberían ofrecer bienestar espiritual al individuo, y no sólo eso: un tiempo de tranquilidad alejado de las premuras cotidianas para reencontrarse consigo mismo y entrar en comunión con un dios que lo ama y por eso lo escucha, comprende y absuelve. La religión, en sana lógica, debería ser un piadoso antídoto contra el nerviosismo y la agresividad de ese nerviosismo, una agradable cúpula protectora desde la cual el devoto, al sentirse resguardado, contempla el mundo con aséptica lejanía, con la confortable superioridad de quien está por encima del bien y del mal, pudiendo refocilarse día y noche en ese sentimiento de tal plenitud que debería producirle sonrisas tenues y un estado similar al del nirvana.

Pero resulta que no.

La experiencia muestra que gran parte de esos devotos, en vez de ser inmensamente felices en su templo, prefieren mirar hacia afuera, apeñuscados en la ventana, para criticar a todos los que no creen en su dios y preguntarse con rabia y resentimiento por qué se empeñan en vivir en el error, como si el hecho de que hubiera personas a las que no les interesa su credo les redujera el gozo de ejercerlo.

Puede que los devotos que se quedan tranquilos en sus bancas sean más que los que se agolpan en las ventanas y señalan a los que están afuera, pero estos últimos, por desgracia, hacen más ruido y son más visibles. Y es frecuente que al obtener cargos de poder sientan como si un rayo les cayera en la mente y les ordenara que deben proceder a convertirse en "salvadores" de otros, que es una de las cosas más peligrosas en las que puede convertirse un ser humano: me refiero a alguien que quiere salvarlo a uno (acá me viene en mente el Yavé del Testamento, que como buen dios impredecible y poco culto es casi más peligroso cuando está de buen genio y se siente inspirado para salvar a su pueblo).

Pero hay más: en sana lógica de teoría de conjuntos, quien desea juzgar a otro desde su religiosidad sólo debería hacerlo con aquellos que creen en lo mismo, pues de lo contrario caería en un contrasentido. El árbitro, la máxima autoridad en el campo de fútbol, sólo puede sacarles tarjeta amarilla o pitarles *foul* a los que están jugando en la cancha. Sería absurdo e incluso ridículo que ese mismo árbitro, acabado el partido, le pitara falta a un empleado del estadio que está recogiendo los balones con la mano. Esto es lo que hacen los ultrarreligiosos cuando intentan aplicarles las normas de pecado y absolución de su fe a personas que no creen en ellas, y es ahí cuando se vuelven peligrosos: las cruzadas y los autos de fe en el cristianismo o los castigos corporales del islam, dos de las religiones que tienen más tensa la cuerda del castigo y la culpa y que han sido capaces de matar a una persona so pretexto de salvarla, son prueba de ello.

Por eso el Estado moderno, cuya obligación es fomentar la concordia entre los ciudadanos, debe ser laico y promover simultáneamente el laicismo y el respeto a las creencias de todos. El humanismo avanza cada día unos cuantos milímetros, y así, a medida que los sectores más conservadores de la sociedad se modernizan, ideas que son contrarias y a veces diametralmente opuestas a la tradición y que por supuesto son consideradas pecaminosas o inmorales, se van adoptando, una por una, hasta convertirse en verdades absolutas. De no ser así se regresaría al pasado, a esas épocas en que el modo natural de diálogo entre las religiones era el degüello o la fusilería, a ver cuál de los dioses era más fuerte. Porque al igual que los del Olimpo, los dioses del monoteísmo también luchan entre sí en la tierra y con la sangre de los hombres.

4.Y se abrirán los cielos...

Si la mayoría de las religiones comienzan con crímenes o combates entre el bien y el mal, a lo largo de su historia también han sido pródigas en guerras, siempre con la promesa de un paraíso para sus bravos soldados. Las cruzadas llevaron a ejércitos de reyes ingleses y franceses hasta las llanuras mediorientales con el objetivo de liberar Jerusalén del dominio musulmán. Allá estuvo ese guerrero noble que luego se convertiría en Robin Hood, y se sabe que pernoctó con otros cruzados en una fortaleza militar que hoy está en Siria, el Croc de los Caballeros, construida por Ricardo Corazón de León. Pero es que la guerra era una actividad tan normal en la psique de las culturas humanas que una religión como el cristianismo, basada en las enseñanzas de un hombre que predicó el amor a los enemigos, la consideró perfectamente válida para llevar adelante su obra ecuménica.

Igual hizo el islam, que no pocas veces esgrimió la cimitarra y usó el degüello para expandir los límites de su fe hasta hacerla llegar al Sureste Asiático, algo que hoy parece inimaginable por lo que representa de esfuerzo e industria.

Que una religión concebida en los desiertos de Arabia haya logrado expandirse hasta Indonesia —hoy el país islámico más poblado del mundo, seguido por Pakistán y la India, en ese orden— es realmente increíble, más aún si se toman en cuenta las importantes religiones que fue desplazando por el camino en su progresión hacia el este: el zoroastrismo en Irán (que prácticamente desapareció y sólo sobrevive en la India, museo viviente de credos humanos), el hinduismo o el budismo en algunas regiones norteñas del Indostán.

Lo más llamativo es que, si bien hubo enfrentamientos sangrientos y largas batallas, la difusión del islam se debió básicamente al hecho de que es una religión cuya práctica ordena la vida cotidiana y social de un modo riguroso; da indicaciones precisas sobre qué debe hacerse y qué no, y establece un estricto sistema ético y moral de obligatorio cumplimiento, con castigos corporales sumamente duros y además públicos, en los que al dolor físico se suman la humillación y el desprestigio; algo completamente extraño al hinduismo o al budismo, donde no existe el concepto del castigo y mucho menos físico. En estas religiones las cosas se pagan después de la reencarnación, en la siguiente vida, y si bien existe un infierno es sólo una especie de estación transitoria por la que pasan quienes han cometido faltas muy graves. Otra cosa que favoreció al islam, y que en un primer momento puede parecer inocua, es que prohíbe el alcohol, un detalle que lo hacía muy popular entre las familias y que le daba un aire de ascetismo y autoridad que incrementaba su prestigio.

El resultado de toda esta aventura guerrera y religiosa es que hoy una de las zonas del planeta con más posibilidad de conflicto atómico es precisamente el Indostán, por una querella que en el fondo es exclusivamente religiosa y, en la superficie, vagamente política y económica: la controversia entre Pakistán y la India. En su origen fue algo que podríamos denominar "guerra civil de la fe" entre dos religiones muy contrarias: la más furiosamente monoteísta, el islam, con la más estruendosamente politeísta, el hinduismo, que tiene más de 3.600.000 dioses, una cifra que he leído y releído aquí y allá y que, cada vez que veo, me lleva a preguntarme lo mismo: ¿quién los habrá contado y cuánto tiempo llevó hacer ese conteo?

Por supuesto que el hinduismo es la religión mayoritaria y la del poder en la India, lo que causó un enorme malestar a los musulmanes después de la independencia, que se vieron constantemente —y se sintieron— coartados en sus derechos y en desigualdad de oportunidades de cara al Estado, el comercio y la justicia. Esta situación se fue agudizando hasta que en 1947 se decidió dividir el país en dos, cortar por lo sano y hacer la traumática "partición", con cerca de un millón de muertos y catorce millones de desplazados, un golpe de láser o escalpelo que amputó la historia del Indostán en dos, y que dio nacimiento a Pakistán, el país de los indomusulmanes. Del otro lado de la alambrada quedó la India de mayoría hinduista.

Hinduista pero laica y muticonfesional.

Importante subrayar este laicismo que históricamente prevaleció en la India gracias al Partido del Congreso, el tradicional de la familia Gandhi y de Nehru, y que se mantiene aún hoy; por eso es un país en el que conviven todo tipo de religiones, antiguas y nuevas, extravagantes y clásicas: es la patria de los parsis (los sobrevivientes del zoroastrismo), sobre todo en la zona de Bombay; hay judíos en Kerala que vinieron directamente de la Jerusalén destruida por el emperador Tito, en el 73 d.C.; hay cristianos, evangélicos, ortodoxos, hay budistas tibetanos en Sikkim y Daramsala, hay jainistas que no comen tubérculos por temor a eliminar una bacteria, que para ellos es un ser vivo; los hinduistas son un 85 % de la población y ser de derecha, en la India, es considerar que el Estado debe ser hinduista, aunque con tolerancia hacia los demás (es lo que quiere el Partido Bharatiya Janata, BJP, por su sigla en inglés) y no multiconfesional (como el Partido del Congreso).

La religión, de cualquier modo, es el eje de la identidad de una gran mayoría de ciudadanos indios que, además, sólo conciben la violencia como el resultado de la lucha religiosa. Así ha sido su experiencia. A pesar de su tradición pacífica y del recuerdo de Gandhi, cada vez que hay conflicto es la comunidad musulmana la que lleva las de perder porque son minoría —a pesar de ser 160 millones—, pues los hinduistas radicales son muy dados a la primitiva reacción del linchamiento[31]. Cuando viví en Nueva Delhi, muchos indios expresaban su perplejidad ante el conflicto en Colombia y me hacían siempre la misma pregunta: "Si en tu país no hay problema religioso, ¿por qué hay tanta violencia?".

---

31 Recuerde el lector el filme *¿Quiere ser millonario?*, basado en la novela de Vikas Swarup. Los niños huérfanos eran musulmanes y perdieron a su mamá en un linchamiento perpetrado por hinduistas.

5. La tierra prometida

Conflictos religiosos, creencias que desde la noche de los tiempos separan en lugar de unir y, en algunos casos, otro elemento que atiza el fuego: la disputa por una tierra que dos o más credos consideran sagrada.

Es exactamente lo que pasa en la otra región del planeta donde este conflicto se respira y atosiga el aire, y me refiero a la antigua Palestina, hoy dividida entre el Estado de Israel, vencedor en las últimas dos guerras territoriales —la de los Seis Días, en 1967, y la del Yom Kipur, en 1973—, y lo que se conoce como Autoridad Palestina, un territorio discontinuo dividido en islotes, especie de archipiélago —Edward Said los llama *bantustanes*— sin conexión entre cada uno, por lo que para ir de un lugar a otro de esta Autoridad se debe pasar por los controles militares israelíes.

Este es otro de los rincones del antiguo imperio británico que, a la salida de los ingleses, entró de inmediato en guerra por el territorio. Pero a diferencia de la India, ninguna de las dos comunidades ha aceptado la idea de una partición del territorio en dos naciones —con matices e idas y venidas—, entre otras cosas porque se trata de un territorio mucho más pequeño y porque está lleno de reliquias de gran importancia simbólica para ambos.

Por tal razón, recorrer esa región es como regresar a otra época de la historia humana en que la guerra era casi una actividad civil, motivo por el que todo el mundo andaba armado. En cualquier cafetería o cine de Israel uno puede ver a un joven con su rifle colgando en la espalda, pues está de salida y prefiere tenerlo consigo, ya que perderlo le acarrea sanciones graves. O a los colonos de las zonas ocupadas ilegalmente por Israel con su pistola en el bolsillo del pantalón y la cacha asomada, cual personajes de una película de vaqueros o de Tarantino. Impresiona verlos en supermercados y tiendas, paseándose por ahí con sus pistolas y rifles, viviendo su cotidianidad con ellos, porque cualquier disputa, desacuerdo o bravata cambia de color cuando el dedo está cerca del gatillo.

Viajé bastante por esa zona hace ya unos diez años y pude comprobar que allí la paz, la misma que laboriosamente se intenta construir hoy en Colombia, tardará mucho en llegar a esos milenarios desiertos. Lo que vi entonces —y la situación no ha cambiado mucho— fue todo lo contrario a una voluntad de paz. Por parte de Israel, el calculado y milimétrico esfuerzo por expulsar o instigar a irse a los dos millones de árabes que viven en la Autoridad Palestina. Y para hostigarlos les hace la vida insoportable y humillante: acoso y provocación militar, caprichoso control del agua y la luz, toque de queda.

Para Israel es fácil hacerlo por la división de sus tierras en zonas discontinuas (especialmente en Cisjordania), lo que hace que para un palestino cualquier desplazamiento dentro de su Autoridad sea una verdadera odisea, pues se ven obligados a cruzar puestos de guardia y controles que son prodigios de segregación y racismo, y en los que pueden durar horas.

Y todo esto por las medidas antiterrorismo.

Claro que Israel tiene derecho a defender a su población, ni más faltaba, pero no sólo eso: esa misma población también merece un discurso humanista y lúcido que le permita poco a poco acercar sus posiciones a las de sus vecinos históricos en lugar de alejarlos, lo que pone en peligro su propia seguridad. ¿Por qué no se escucha más a intelectuales como David Grossman o Amos Oz, capaces de reconocer la responsabilidad de la política guerrerista de Israel sin por ello estar traicionando el principio de existencia de su Estado? La negativa de la derecha israelí a hacer la menor concesión territorial —en contra de las enseñanzas de Isaac Rabin—, y el seguir apretando a sus vecinos con su esquema antiterrorista, no hace más que prolongar el odio. Y habrá muchos más muertos de lado y lado; es sólo cuestión de tiempo.

Después de escuchar las justificaciones de la represión dadas por el primer ministro israelí Benjamin Netanyahu, es imposible no evocar a Hannah Arendt: cuando los medios militares utilizados no guardan proporción alguna con el fin político que persiguen, es porque los medios son el verdadero fin.

A lo que ya se dijo hay que sumar el encierro de ciudades enteras con muros de granito y torreones de control, lo que las convierte en cárceles (caso de Kalkylia), o rodeadas de alambre electrificado para que nadie pase a otras zonas de la propia Autoridad eludiendo los puestos de guardia israelíes, como sucede en Ramala, o la expulsión de familias árabes de Jerusalén Oriental (que Israel se anexionó en 1967) para instalar a judíos rusos en sus casas, o la construcción ilegal de asentamientos judíos en territorios que la propia ONU, en mapas y resoluciones, ha otorgado a los palestinos, o la destrucción sistemática de su economía, o la prohibición de regresar para los refugiados palestinos que malviven en Jordania, Siria o el Líbano, mientras que, de su lado, pregonan el "derecho de retorno" a cualquier judío del mundo a estas tierras.

Y aquí está el *quid* del conflicto: Israel argumenta que Palestina es su "tierra prometida", tal como aparece en la Biblia, lo que está muy bien, aunque sin tener en cuenta que el Testamento no ha sido reconocido por ninguna legislación internacional y, sobre todo, omitiendo un detalle: que los palestinos, que llevan más de dos mil años viviendo ahí... ¡no creen en él!

Del lado palestino la cosa también es complicada, pues por un manejo tribal del poder que, por muy respetable, es completamente ahistórico y caduco, resulta que gran parte de sus líderes han sido incompetentes, desacreditados y totalmente corruptos, lo que acabó por llevar al poder a Hamás, que pese a ser una organización que va mucho más allá de lo militar —cuenta con universidades, hospitales, centros de asistencia a las familias, etc.—, tiene un discurso destructor, vengativo y guerrerista contra Israel, que viene a sumarse a la irresponsabilidad de los extremistas del Hezbolá o la yihad islámica, que con sus "operaciones de martirio" contra la población civil judía no hicieron más que darle justificaciones a Israel en su política de segregación, y así acabaron por extenderle la alfombra al ejército israelí para atacar el sur del Líbano en 2006, algo que quería desde hacía ya varios años.

Cuando alguien habla de guerras religiosas y del Medio Oriente, me viene siempre al recuerdo la misma imagen: la de una madre de familia palestina con los brazos en la nuca, llevando a un bebé sujeto al pecho con una tela anudada y empujando un cochecito con otro niño, mientras pasa por el puesto de bloqueo del ejército israelí en Ramala, sospechosa por ser palestina y musulmana y, además, por vivir en su propia tierra.

6. Los sospechosos de siempre

Igual trato recibieron los judíos durante el nazismo: no sólo fueron sospechosos, sino además acusados y condenados por la pobreza que sufrió Alemania después de la Primera Guerra, incluso por la derrota de Alemania en esa misma guerra y, como si fuera poco, de un crimen nefando y aún más grave allá en las brumas del pasado —¡matar a Jesús!—, lo que hacía de todos peligrosos criminales.

El catolicismo, por supuesto, alimentó ese sentimiento antijudío desde sus inicios. Ahí está el Evangelio de San Juan, a quien se le llama "padre del antisemitismo", pues en su texto dice que los judíos son asesinos, ladrones, mentirosos, y que sólo "siguen órdenes de su padre, que es el demonio"; según Juan, por eso apedrearon a Jesús y luego prefirieron matarlo a él antes que a un ladrón como Barrabás.

La historia del antijudaísmo avanza a lo largo de los siglos con altibajos, pero uno de sus momentos más álgidos en lo conceptual se le debe a un periodista francés, católico y monárquico, Édouard Drumont, autor de un libro llamado *La Francia judía*, de 1886, que en las décadas posteriores y los albores del siglo xx fue muy influyente, aparte de muy celebrado por el antisemitismo alemán.

En su ensayo, Drumont explica y pretende demostrar cómo los judíos habrían destruido a los pueblos civilizados de Europa, y para argumentarlo recupera y enumera todos los estereotipos sobre judíos a lo largo de la historia: que transmitían la peste, que contaminaban las aguas, que robaban niños. La historiadora Élisabeth Roudinesco comenta la obra de Drumont en estos términos: "Describe al semita como a un ser vil, codicioso, astuto, femenino, aferrado a sus instintos, nómada, y al ario como un auténtico héroe, hijo del cielo, que desafía a la muerte y está poseído por un ideal caballeresco. En contra de las tesis de Renan, que afirma que los semitas inventaron el monoteísmo, explica que el verdadero semita no es ya el sarraceno, que al menos es capaz de heroísmo, sino el judío bárbaro, reconocible por la pestilencia que emana, consecuencia de su 'apetito inmoderado por la carne de cabrito y de oca'"[32].

Después de semejante cuadro se podría pensar que llegó a su límite, pero no, pues Drumont sigue con su requisitoria en la que dice que los judíos son "no sólo seres cosmopolitas, sucios, lúbricos y hediondos, sino también portadores de toda clase de enfermedades orgánicas y mentales, que evidencian la corrupción de su sangre y de su alma: escorbuto, sarna, escrófulas, neurosis", y concluye, en sus palabras: "Examinad a los especímenes que más se ven en París, intermediarios políticos, corredores de bolsa, periodistas, y los veréis consumidos por la anemia. Los ojos desorbitados, las pupilas febriles del color del pan tostado reflejan enfermedades hepáticas: el judío, en efecto, tiene en el hígado la secreción que produce un odio de mil ochocientos años"[33].

Leyendo esto dan ganas de creer, como Condorcet, en el progreso del espíritu humano, pues hoy nadie sería capaz de publicar palabras como éstas sobre ninguna comunidad

---

32 Élisabeth Roudinesco. *A vueltas con la cuestión judía*. Barcelona: Editorial Anagrama, 2011, p. 67.

33 Édouard Drumont, *La Francia judía*. Flammarion, 1886, pp. 69 y 318 (citado por Roudinesco).

humana, y si alguien lo hiciera no tendría la menor repercusión más allá de la risa y, en el caso de Francia, donde el antisemitismo es un delito, arriesgaría ir a prisión. Pero estamos a fines del siglo xix, así que ese libro fue muy leído y comentado, y lo que más llamó la atención fue su idea de exponer un antisemitismo cuasicientífico y docto. Este y otros libros igual de agresivos, que coqueteaban con la idea del exterminio judío como solución a los problemas de los arios en Europa ya desde esos años, dan cuenta del camino que llevó al Tercer Reich y a la "solución final". Y en medio de todo eso, la Iglesia católica en silencio.

Un silencio que hoy, desde la perspectiva histórica, se vuelve ensordecedor.

7. Quemarlo todo

La palabra "holocausto", de origen griego, quiere decir literalmente "quemarlo todo" y el uso que conocemos tiene su origen en el Levítico, 6.9: "Ordena a Aarón y a sus hijos, y diles: 'Esta es la ley del holocausto: el holocausto mismo permanecerá sobre el fuego, sobre el altar, toda la noche hasta la mañana, y el fuego del altar ha de mantenerse encendido en él'".

Para quemarlo todo.

El término "genocidio", a su vez, se inventó para intentar abarcar las descomunales dimensiones de ese crimen en la Segunda Guerra Mundial, y el primero en usarlo fue un abogado judío polaco, Raphael Lemkin, en un libro titulado *El dominio del Eje en la Europa ocupada*, de 1944. A pesar de esto, el tribunal de Núremberg no admitió la palabra (tenían otras: crímenes contra la paz, de guerra y contra la humanidad); ésta se adoptó finalmente en 1948, en la naciente ONU, que estableció el delito de "crimen de genocidio" como el acto "cometido con la intención de destruir en todo o en parte a un grupo nacional, étnico, racial o religioso en cuanto tal: 1) Asesinato de miembros de grupo. 2) Agresión grave contra la integridad física o mental de miembros del grupo. 3) Sometimiento intencional del grupo a condiciones de existencia que comporten su destrucción física total o parcial. 4) Medidas tendientes a impedir los nacimientos en el seno del grupo. 5) Traslado forzoso de niños del grupo a otro grupo"[34].

A pesar de que algunos sacerdotes católicos bastante heroicos ayudaron a salvar judíos con actos puramente individuales, la actitud oficial del Vaticano ante este crimen fue bastante más que ambigua. En su libro *Dios no es bueno*[35], Christopher Hitchens cita una carta de 1939 del recién elegido papa, Eugenio Pacelli, quien adoptó el nombre de Pío XII; una carta escrita cuando ya se sabía del trato que recibían los judíos en Alemania, motivo de las reticencias del anterior pontífice, Pío XI, hacia el mismo Hitler.

Escribe Pío XII:

"¡Al Ilustre Herr Adolf Hitler, Führer y Canciller del Reich Alemán! Al comienzo de nuestro pontificado, Nos desearíamos garantizarle que permanecemos fieles al bienestar espiritual del pueblo alemán confiado a

---

34 Élisabeth Roudinesco. Ob. cit., p. 165.

35 Christopher Hitchens. *Dios no es bueno*. Editorial Debate, 2008, p. 261.

vuestra dirección. (…) Durante los muchos años que Nos pasamos en Alemania, hicimos todo lo que estuvo en nuestra mano para establecer unas relaciones armoniosas entre la Iglesia y el Estado. Ahora que las responsabilidades de nuestra misión pastoral han incrementado nuestras posibilidades, oramos con mucho más fervor para alcanzar dicho objetivo. Que la prosperidad del pueblo alemán y su progreso en los ámbitos llegue, con la ayuda de Dios, a buen término".

V. ARGEL, 1996

Otro conflicto al que asistí, aunque en este caso no pudiera calificarse de guerra abierta sino de guerra civil -con sus tristes resultados y sus sangrientas consecuencias-, y en el que la religión sirvió de detonante, fue el primer experimento democrático de la Argelia moderna, que puso en dos bandos atrincherados, dispuestos a matarse, a los militares del viejo Frente de Liberación Nacional (FLN) con los islamistas del Frente Islámico de Salud (FIS), luego de que las elecciones se interrumpieran entre la primera y la segunda vuelta para evitar la victoria de los islamistas radicales, que ya habían anunciado su pretensión de fundar en Argelia un Estado islámico regido por la *sharia* o ley coránica.

Por supuesto, este golpe pactado —como el que vivió hace poco Egipto, también contra los islamistas— dejó malherido al FIS, que comenzó a golpear ciegamente al poder por intermedio de su brazo armado, el Grupo Islamista Armado (GIA), pero no solamente al poder, sino a todo lo que para ellos proviniera de la pecaminosa influencia de Occidente, en especial de Francia. Hubo carros bombas, actos de sabotaje permanentes, ametrallamientos, ataques a pueblos. En su lucha, los combatientes del GIA pusieron de nuevo la técnica del degüello en el primer plano de la actualidad.

Esta vez, Enrique Santos me dijo:

—En la lista de países más peligrosos del mundo aparecen primero Argelia y segundo Colombia. ¿Por qué no va a Argel y nos cuenta cómo es un país más violento que éste y por qué están ellos en primer lugar?

Con la coyuntura de unas nuevas elecciones militarizadas, con las que el general golpista Liamine Zéroual pretendía confirmarse en las urnas, tomé un avión a Argel al otro día.

Y claro que era el país más peligroso.

Al llegar al aeropuerto Houari Boumediane, en medio de un increíble revuelo y una demora infinita, pues amenazaron con el cierre de las pistas al menos cuatro veces, un oficial de la policía me saludó con amabilidad, pero me retuvo el pasaporte y me dijo "Venga conmigo, que los periodistas entran por este lado". Ahí, en una oficina bastante húmeda y en cuyo techo giraba un ventilador que más parecía un surtidor de polvo, el oficial jefe, con las botas sobre el escritorio y un chicote de cigarrillo colgando del bigote, me dijo mirando mi documento:

—¡Colombia! ¡Pablo Escobar!

Aún se deben estar riendo, si es que se acuerdan de mi respuesta.

—Argelia, Albert Camus —dije.

Más o menos una hora después me presentaron a mis escoltas, aunque habría podido decir captores, pues eran tres tipos bastante duros que, la verdad, me pusieron la carne de gallina. Tras un par de firmas y sellos varios me indicaron que subiera a un vehículo que alguna vez debió ser un Honda

Celica, de vidrios polarizados. Repuse que no era necesario, que podía tomar un taxi y agradecí la hospitalidad, pero el oficial bajó las botas del escritorio y dijo "No, usted estará con ellos durante toda su estadía". Luego se dirigió al que parecía ser el jefe del grupo y le dijo en árabe algo que debió ser "Llévenlo al hotel" (a mí me hablaba en francés).

Para mi crónica de la ciudad de Argel casi me habría bastado con el trayecto desde el aeropuerto hasta el hotel El Aurassi, en la colina de Tagarinos, con una vista deslumbrante de la bahía. La avenida que conectaba con la ciudad estaba repleta de carros, así que el chofer del Celica hizo la mayor parte del trayecto por la calzada del sentido contrario. El sistema era bastante primitivo: consistía en hundir la mano en el pito mientras que su copiloto, sentado en la ventana y con el torso afuera, iba haciendo gestos con una ametralladora para que los carros que venían de frente despejaran el camino, y para indicar que eran de la policía, pusieron una luz de sirena en el techo —el bombillo, *hèlas*, estaba fundido—.

A partir de ese momento hubo un *crescendo* de imágenes de una violencia inusitada: por un lado, el ejército desplegado en la ciudad con tanques en las esquinas y tanquetas de vigilancia, y por el otro, un control a los transeúntes igual de férreo y despiadado que el que los israelíes les hacen a los palestinos, con alambradas que impedían pasar de un barrio a otro en libertad, obligando a la gente al control de identidad permanente y a cruzar hasta cinco veces diarias por el detector de metales, vaciado de bolsos y bolsillos y un cacheo tan enérgico que recordaba los masajes calisténicos de los baños turcos de Estambul. Todo el que tuviera aspecto de religioso recibía un trato especialmente agresivo, sobre todo en barrios populares como el Harrach, Bab-el-Ued, Belcourt y ni se diga la Kasbah, en el centro histórico, protagonista de la batalla contra las fuerzas colonialistas francesas en la guerra de independencia y escenario de la famosa película *La batalla de Argel*, de Gillo Pontecorvo.

Lo que vi en esos días fue una sociedad arrinconada entre dos fuegos. La respuesta del FIS y el GIA al golpe de Estado que les hicieron fue un terrorismo exacerbado, mediante el cual se degollaba cualquier argelino laico, afrancesado o intelectual, a periodistas de medios argelinos de lengua francesa, a escritores y poetas, a artistas plásticos, a profesores universitarios y por supuesto a mujeres occidentalizadas, a cualquiera que no llevara el *hiyab* o velo y respetara la ley coránica. El GIA dio un ultimátum a los extranjeros residentes en Argelia: los conminó a irse antes del fin de noviembre de 1993, y como para que no quedaran dudas asesinó a cincuenta ciudadanos de otros países que trabajaban en empresas extranjeras. También se llevaron por delante a islamistas moderados y a varios imanes que pedían calma. Hubo además sangrientas querellas entre los propios grupos islamistas que en un principio eran aliados del FIS, caso del Movimiento Islámico Armado (MIA), menos radical, con el GIA, que dejaron más de un centenar de muertos.

El GIA consideró objetivos militares a los periodistas de los diarios de expresión francesa, caso de *El Watan* o *Alger Républicain*, y sobre todo de *Liberté*, el más férreo en su lucha contra los islamistas y a su vez el más amenazado; a muchos los secuestraron y luego aparecieron degollados. El edificio de *El Watan*, que pude visitar, era un verdadero búnker; los periodistas vivían en la redacción y, como el GIA no sólo mataba al enemigo directo sino a todos los suyos, los familiares se habían tenido que ir a refugios secretos, pero los periodistas, valerosos, seguían allí, trabajando y durmiendo en el edificio, dispuestos a no dar el brazo a torcer en ese pulso entre el oscurantismo y la sociedad laica, con una tenacidad que me recordó a los periodistas bosnios de la redacción de *Oslobodjenje*, en Sarajevo, que defendían con armas su periódico en un edificio destruido por las bombas, y especialmente la rotativa, que estaba en el sótano, al que se accedía por un laberinto de trincheras y *checkpoints* construidos por los propios periodistas, armados de rifles y pistolas.

Estos informadores que siguen al pie del cañón, en el centro del infierno y jugándosela toda, siempre me han parecido héroes a los que se les debe mucho. ¿Arriesgar la vida por un artículo de prensa? Sí, pues consideran que lo que protegen es muy valioso y están dispuestos a morir para que no se pierda esa bocanada de aire fresco y dignidad que significa tener una prensa honesta, libre e independiente; a su manera, son los últimos guardianes de ese espejo necesario en el que una sociedad, al mirarse, ve su rostro verdadero, sus posibles laceraciones y dudas, y claro, también sus atributos, tan opuesto a la foto fija, a la cara única y omnímoda que un poder, sea religioso o político, quiere hacer prevalecer a la fuerza sobre una sociedad, casi siempre maquillando y cubriendo heridas, convirtiendo cicatrices en gestos heroicos.

No me refiero sólo al heroísmo de estos periodistas; también al de tantos otros, como el corresponsal de *The New York Times* en Sarajevo, que debía cambiar de cuarto con frecuencia pues los serbios lo amedrentaban ametrallando su ventana, o el de los medios de prensa en Colombia atacados por el terrorismo —empezando por *El Espectador*—.

Ver que en todo el mundo la prensa acaba siendo objetivo militar de sátrapas y tiranos, y obviamente de terroristas, religiosos o no, me convence cada día más de que ella, a diferencia de la literatura, sí puede cambiar la realidad[36].

Los terroristas del FIS, por lo demás, ametrallaron soldados y policías a tutiplén, y pasaron a cuchillo a miles de personas por ser parientes de miembros de las fuerzas del orden, incluyendo niños, ancianos, mujeres. De este conflicto es esa célebre foto que se dio en llamar *La Madonna de Benthala*, una mujer argelina llorando el asesinato de sus seis hijos. A esto habría que sumar sabotajes, incendios, carros bombas en las torres eléctricas, en fin, ataques al funcionamiento del Estado en general; y también el acoso a los representantes del mundo laico: al director de la Escuela de Bellas Artes de Argel y a su hijo los asesinaron, muchos intelectuales se retiraron en desbandada hacia Francia, las mujeres que solían salir a la calle en *jeans* debieron elegir entre quedarse encerradas o cambiar de atuendo, pero bastaba una tarjeta de estudiante para ser considerado enemigo de Alá y recibir la cuchillada. "El íntimo cuchillo en la garganta", como en el poema de Borges.

Y como suele pasar en estos conflictos, la contrarrepresión del ejército y la policía también acabó por barrer con

---

36 La literatura también ejerce una influencia, pero en cada persona, individualmente, no en forma colectiva. Usando una metáfora de la jardinería, diría que la literatura es "riego por goteo", y sólo por esto también la han agredido sátrapas y tiranos.

la población, tildada en algunos casos de ser auxiliadora de los terroristas —palabras conocidas en Colombia— y que, tras la salida de los cuchillos sangrientos de los islamistas, debía vérselas con las torturas y el acoso del ejército, allanamientos nocturnos y detenciones arbitrarias con agentes encapuchados que irrumpían en las casas y se llevaban, sin la mínima garantía, al que les diera la gana, a cualquiera que tuviera la barba un poco más larga de lo habitual.

En un extraordinario reportaje que luego publicó en forma de libro, Juan Goytisolo explicó los intríngulis de este conflicto. Al referirse a esta represión y a los desmanes en que suelen incurrir miembros de la policía y el ejército cuando están irritados, escribió:

"¿Tres mil muertos? Se murmura que hay que multiplicar la cifra por cinco. ¿Cómo saberlo exactamente? Según informes recientes, más de diez mil intelectuales argelinos han solicitado asilo político en Francia. En su mayor parte son profesores, médicos, abogados, periodistas, escritores de formación francófona. La creación de un Estado islámico en Argelia provocaría un éxodo de medio millón de personas, estima Chris Edges, corresponsal de *The New York Times*. Pero no todos los refugiados pertenecen a la tendencia erradicadora ni huyen sólo del MIA, el GIA o el Frente Islámico de Salvación. La autoría de muchos asesinatos y ejecuciones sumarias es obra de escuadrones de la muerte que, como en Colombia y otros países de Iberoamérica, vengan las balas que diezman las fuerzas del orden o impiden con sus desafueros toda tentativa de solución política a la crisis. Varios abogados y miembros de la Liga Argelina de los Derechos del Hombre, tras denunciar la práctica generalizada de la tortura y las ejecuciones extrajudiciales señaladas también por Amnistía Internacional, han recibido igualmente amenazas de muerte"[37].

La conclusión ante este conflicto es muy sencilla y, la verdad, bastante descorazonadora: cuando el fanatismo religioso entra en armas, los crímenes son crueles, atroces y contundentes, pues quien los comete cree que está haciendo el bien. Y esto es aterrador. La confusión es tal que una persona que pone una bomba en una cafetería, degüella al hijo de un periodista o dispara a un grupo de ancianos, ¡cree que está actuando correctamente! Y además, si muere, irá al paraíso.

Pero más descorazonador aún es que del otro lado, de un lado que en principio podríamos considerar más laico y racional —triste es admitirlo—, las ideologías extremas hacen lo mismo. Si bien en ellas el acto de matar a sangre fría al enemigo no lleva al combatiente al paraíso, sí lo pone en consonancia con la postura moral y ética correcta que promulga su militancia. Y como su lucha es por el bien de la humanidad, eliminar al incómodo obstáculo concreto está plenamente justificado. Es aquí cuando los grandes profetas se vuelven peligrosos: cuando pretenden salvar a la humanidad, pero para hacerlo deben matar a quien se les ponga por delante.

Ay, la dictadura de la bondad.

---

37 Juan Goytisolo. *Argelia en el vendaval*. Madrid: Editorial Aguilar, 1994, p. 47.

Dios nos salve de todos aquellos que quieren salvarnos. Para defender a su pueblo del mal, Stalin mató a veinticinco millones de campesinos *kulaks*.

Y nos salve también de los que supuestamente deben protegernos cuando dentro de las fuerzas del orden se aprovechan para pescar en río revuelto, amparándose en eso de que en la noche todos los gatos son pardos para saldar cuentas pendientes y retirar de la circulación, por la expedita vía del tiro en la nuca, a personas que les han resultado incómodas en otros contextos, sea desde lo político, periodístico, social o sindical, en fantasmales escuadrones de la muerte —no por nada Goytisolo, bien informado, menciona a Colombia al referirse a ellos— que se entregan con desafuero a la "limpieza social", como tanto se ha visto en Bogotá, Cali, Medellín o la Costa Atlántica, y en tantas veredas y pueblos de Colombia.

VI. TORMENTAS DE ACERO

1. Un lugar en el mundo

Desde sus inicios, el hombre hizo la guerra por estar en el recodo donde el río es más tranquilo y amigable, o por el lugar más protegido de la sabana o el más fértil, o aquel donde la vista llega más lejos y, por lo tanto, le ofrece seguridad. Pero si atendemos al hecho antropológico de que todos los seres humanos de hoy provienen del *Homo sapiens* de África, entonces hay que concluir que todos los pueblos del mundo, con excepción de los africanos, son hijos de la inmigración.

La idea del poblador *autóctono*[38] es una construcción cultural que nace con la ocupación de un territorio a lo largo del tiempo y se va asentando en sucesivas generaciones, las cuales se impregnan de lo que hay en él: su paisaje y sus frutos, su temperatura, su lejanía o cercanía con el mar, su altura, sus montañas o valles, su nubosidad y sus lluvias, su flora y su fauna. Esa interacción entre un grupo humano y su entorno va creando unos hábitos que más tarde llamaremos "cultura"

---

38 Etimológicamente: "El que posee siempre la misma tierra".

y que se van transmitiendo en forma de conocimientos específicos, la sensibilidad a ciertas cosas o saberes puntuales, que reflejan el modo en que una sociedad incorpora a su identidad el lugar en el que habita, ese espacio tridimensional que tanto ha caminado, observado, recorrido, olido y saboreado, recordado e imaginado, en suma, agotado desde todos los ángulos, y esto a través de un lento y afectuoso estudio de observación, multitud de pruebas, síntesis y ensayos.

Pero cuando una sequía, hambruna, inundación, o cualquier tipo de desastre natural o climático obliga al hombre a irse, nada le ha impedido hacerlo; su origen migrante le dio la capacidad de adaptación para instalarse en cualquier otro sitio y volver a empezar de cero, echando raíces y encontrando (o dejándose encontrar por) nuevas metáforas identitarias, posibilidades cognitivas y de interacción con la nueva geografía.

Las religiones y su imaginería también se impregnan de ese saber de la tierra, de la flora y fauna y de la topografía. Los antiguos moradores prehispánicos de San Agustín, en el Huila, adoraban al jaguar y al águila porque los veían y probablemente les temían. También a la sinuosa serpiente. En el Indostán las montañas son sagradas, como en la Grecia antigua, y se adora a los elefantes (Ganesh) y a los micos (Hanuman), cosa que los antiguos aztecas no habrían podido hacer. Casi todas las comunidades primitivas adoran al Sol, que trae calor y dispersa las tinieblas. Los nativos de islas Tonga adoran a los tiburones y por eso su rey, una vez al año, debe meterse al mar y entregar en mano un cerdo asado al rey de los tiburones, que es un animal de siete metros de largo. Si el escualo lo muerde es porque ha sido un mal gobernante.

Aparte de esto, el paso de las generaciones hace que el territorio se vaya poblando de camposantos y templos, de obras arquitectónicas en las que se refleja la estética particular de cada pueblo, y algo más: de cantares y poemas que celebran sus paisajes, su lluvia y sus atardeceres. Y así una comunidad acaba por fundirse a un territorio, y defenderlo es una cuestión de supervivencia y de identidad.

Como escribió el novelista francés Maurice Barrès: "Para fundar una nación sólo hacen falta un cementerio y una historia". De ahí que la guerra por defender un espacio que se considera propio sea tan apremiante y contenga tanto heroísmo y sacrificio; sin duda mucho más de los que puede atribuírsele al contrario, el que hace la guerra de conquista, donde el factor emocional está supeditado exclusivamente al cálculo y al valor del botín, sea éste en términos de ganancia o de reconocimiento.

De ahí la condición trágica de todos los pueblos que pierden su tierra, arrebatada a la fuerza —casi siempre— o por el engaño o el chantaje, que viene a ser casi lo mismo. No recuerdo dónde leí una frase de un indio americano que decía: "Cuando llegaron los españoles, ellos tenían el crucifijo y nosotros la tierra. Hoy nos dieron el crucifijo y se quedaron con nuestras tierras". Eso fue hace más de cinco siglos, pero los desplazados de hoy, indios y campesinos, esas caravanas fantasmales como la que retrata Óscar Collazos en *Tierra quemada*, están ahí, delante de nuestros ojos, deambulan por los semáforos de las ciudades pidiendo ayuda, contándoles su dolor a quienes no quieren oírlo, escribiéndolo en cartones para ver si alguien al menos lo lee, pero nada, ni la menor compasión o afecto, sólo indiferencia y hostilidad.

2. ¿Cuál es el límite de mi imperio?

A diferencia de las expediciones de Tamerlán, que salía de su imperio para ir hasta el Mediterráneo a destruir y saquear ciudades —Damasco, por ejemplo—, y que luego se replegaba en sus confines, los romanos también libraban sus guerras de conquista en regiones lejanas pero luego las mantenían bajo su dominio. Pudieron hacerlo no sólo por la fuerza de sus ejércitos, sino gracias a su ingeniería. Tras las campañas militares, los romanos construyeron calzadas que les permitían llegar rápidamente a los territorios conquistados y transportar tropas y pertrechos, y así estos caminos se fueron haciendo cada vez más amplios y nutridos, hasta transformarse en una suerte de sistema intravenoso del Imperio, algo comparable al trazado ferroviario europeo del siglo XX. También construyeron acueductos, lo que les permitía llevar a los pueblos sojuzgados algo de bienestar —¡nada menos que agua limpia!— y les daba la posibilidad de establecer campamentos lejos de los ríos, lo que suponía un gran cambio en la geoestrategia de la guerra. Adicionalmente, construyeron teatros, cosa aprendida de los griegos, en los que podían escenificar sus tradiciones y cultura, así como permitir a los conquistados apreciarla e incorporarla en forma amena.

Gracias a esto y a su extraordinaria cultura, el Imperio se pudo mantener más de setecientos años, y si se le suman los tiempos de sus divisiones y su ramificación hacia el Imperio bizantino, llega casi a los mil quinientos. Al final, como a todo lo humano, le llegó su declive y desapareció del escenario, dejando la tierra europea sembrada de ruinas de teatros y acueductos, de palacios y templos, de sus necrópolis y villas y estatuas.

Imperios, imperios.

Tal vez el más efímero fue el Tercer Reich. El otomano en cambio fue largo, como el británico o el mogol. Más corto fue el de los persas. Unos se extendieron en la geografía, otros se limitaron a pocos países, por lo general costeros. Pero si se tienen en cuenta los medios utilizados y las realidades enfrentadas, la guerra de conquista más descomunal de la historia humana fue sin duda la de América.

Y de ella tenemos noticia por los cronistas.

Corre el año de 1492 y sobre tierras americanas se cierne una aterradora tormenta. Me permitiré citar a William Ospina, el autor que más ha investigado y dado luz sobre esos terribles años. En su libro *Las auroras de sangre*, dice Ospina:

"Naciones enteras desaparecieron; otras perdieron allí sus reliquias, sus tesoros artísticos, sus lenguas, sus religiones, incluso sus fisonomías; numerosos pueblos mezclaron en ese tapiz sus culturas; indómitos guerreros americanos defendieron su mundo y su gente con extremos de valor y de abnegación; una legión de europeos protagonizó episodios dignos de los héroes clásicos de la leyenda y de la mitología, aventuras y desventuras para ser guardadas por las generaciones. Hay en esa historia demencial y descomunal hechos para inspirar copiosas novelas, tema para las más conmovedoras canciones, episodios para todas las narraciones cinematográficas imaginables. Pero, sobre todo, aquella conquista merecía ser cantada, ingresar en la memoria del espíritu humano, ser un rumor y una música"[39].

La conquista española de América estuvo marcada por la enorme distancia con la metrópoli: todo un océano repleto de tormentas y piratas. Ello obligó a los españoles a establecerse en estos vastos territorios, fundar ciudades y poner en ellas todo lo que traían de su lejana cultura. Lo hicieron para facilitar la explotación y no por altruismo, claro, pero al fin y al cabo lo hicieron. Trajeron su arquitectura, su dios y sus templos, vinieron con su lengua y la transmitieron, y en algunos casos se interesaron por las lenguas indígenas, las aprendieron e hicieron gramáticas y diccionarios, aunque fuera para evangelizar, pero gracias a eso se cuenta hoy con un conocimiento de la época y de lenguas que por el camino se extinguieron.

Para facilitar la labor conquistadora acabaron por incorporarse a estas tierras y poco a poco las fueron haciendo suyas, se casaron con indias y tuvieron hijos mestizos. Podría decirse también que a los conquistadores los conquistaron. La fiebre enceguecedora del oro los llevó a adentrarse cada vez más en ese nudo de montañas que parecía una fortaleza, sólo posible para el cóndor, y lo hicieron yendo tan lejos y durante un periodo tan largo que no les quedó más remedio que establecerse, y al hacerlo crear un nuevo mundo. Un mundo sobreviviente de las ruinas del que destruyeron e insuflado por aquel otro, lejano, que traían en la mente.

---

39 William Ospina. *Las auroras de sangre*. Bogotá: Grupo Editorial Norma, 1998, p. 21.

Según Carlos Fuentes, en la *Historia verdadera de la conquista de la Nueva España*, Bernal Díaz del Castillo no sólo escribió la crónica de la conquista, sino que además fue el primer novelista latinoamericano en la medida en que su propósito era recobrar un mundo que estaba lejos de él cuando comenzó a escribir, y quería recuperarlo. Dice Fuentes:

> "¿No es el libro de Bernal una 'crónica verdadera', un relato de sucesos realmente acaecidos entre 1519 y 1521? Pero es, a su vez, el relato de algo acontecido a cuarenta y siete años de que Bernal, ciego, de edad ochenta y cuatro, escribiendo desde Guatemala y olvidado de todos, decide que nada se olvide de lo que ocurrió medio siglo antes: 'Agora que estoy escribiendo se me presenta todo delante de los ojos como si ayer fuera cuando esto pasó'. Sí, sólo que no pasó ni ayer ni hoy sino en otro país: el de la memoria, el país inevitable del novelista"[40].

Por lo demás, si Bernal no hubiera escrito su *Historia*, ¿realmente esos hechos se habrían olvidado? Lo dudo. Tanto él como sus contemporáneos los tenían en la mente y ya estaban esculpidos en la memoria de España. Lo que Bernal quería que perdurara era su memoria de esos hechos, no los hechos en sí, que es el modo de razonar de un escritor que quiere dar su versión de la realidad en la que le tocó vivir, no sólo la de un cronista angustiado por la verdad.

---

40 Carlos Fuentes. *La gran novela hispanoamericana*. México: Editorial Alfaguara, 2011, p. 26.

"Al desplegarse el relato, la voluntad épica titubea —continúa diciendo Fuentes—, pero una épica vacilante ya no es una épica: es una novela. Y una novela es algo contradictorio y ambiguo. Es la mensajera de la noticia de que en verdad ya no sabemos quiénes somos, de dónde venimos o cuál es nuestro lugar en el mundo. Es la mensajera de la libertad al precio de la inseguridad. Es una reflexión sobre el precio que se paga por el progreso material a costa de perder nuestras premisas fundamentales y nuestras raíces filosóficas: es el precio de Prometeo"[41].

3. Guerras de palabras

Pero el año 1492 comienza antes de América, con la sangrienta toma de Granada por parte de los ejércitos de Isabel y Fernando, los Reyes Católicos, en ese episodio que la historiografía española tradicional llamó la "expulsión de los musulmanes". Y ahí empezó otra guerra, la de las palabras. Poco después vino a sumarse lo que denominaron la "proscripción o expulsión de los judíos", términos que son en sí mismos ya tendenciosos, pues de lo que se trató en realidad fue de algo muy diferente y es que los españoles católicos expulsaron de España a los españoles judíos y a los españoles musulmanes. Los musulmanes llevaban siete siglos y los judíos estaban en Hispania desde antes de la crucifixión de Jesús, lo que significa, por puro sentido de la permanencia, que todos eran españoles. En el caso de los judíos, además, inocentes del asesinato de Cristo[42].

---

41 Ibíd., p. 30.

42 Menciono esto porque fue uno de los argumentos que esgrimieron en su

Decir, como tanto se dijo y repitió, que *los españoles expulsaron a los judíos y a los musulmanes de España* es afirmar que no se puede ser español si se es judío o musulmán, una premisa que haría al hispano incompatible precisamente con lo que fue su mayor riqueza. Sin embargo, el vencedor cuenta la historia a su modo y por eso la historiografía tradicional española —adscrita a una línea férrea de análisis que culmina con éxito en el nacionalcatolicismo franquista, denunciado, entre otros, por Juan Goytisolo— construyó la identidad de la nación basándose en una pretendida pureza racial hispana que va desde el Cid Campeador (ignorando que el apelativo Cid viene de *sidi*, "señor" en árabe), continúa con el legendario don Fadrique de Castilla y llega hasta el héroe falangista José Antonio Primo de Rivera, de modo que todos los que vinieron de afuera y vivieron siglos en la península fueron polizones, siempre extranjeros, pues la sagrada tierra española ha sido siempre católica.

Es común, en otros conflictos y regiones, encontrar este uso tendencioso de los términos. Recuerdo un artículo de opinión sobre el libro *Choque de civilizaciones*, de Huntington, que tenía como título "Islam versus Occidente", otra oposición falsa de términos no equivalentes que busca inducir al lector a dar por hecho, desde la mera formulación, que no se puede ser musulmán si se es occidental, o viceversa, que los valores occidentales son refractarios al islam, lo que es desmentido a diario por la realidad de un islamismo moderado en Europa, o por el laicismo de

---

defensa los jefes de la comunidad judía española ante los Reyes Católicos para evitar la expulsión, pero fue en vano.

amplios sectores en países como Argelia, Marruecos, Egipto, Siria o el Líbano.

Esto de condenar la realidad con base en palabras entintadas es similar a la tendencia de ciertos gobiernos a tomar la parte por el todo, creyendo que para combatir algo es suficiente con prohibir la palabra que lo designa. Ya mencioné lo que Uribe quiso hacer en Colombia con la palabra "conflicto", convencido de que bastaba con desaparecerla de los oficios públicos para que la historia y la realidad se esfumaran, y así a todo el que no comulgara con su lectura del país lo podían calificar tranquilamente de *terrorista*, una palabra infalible. ¿No es esto una guerra verbal? Los nazis llamaban terroristas a los resistentes franceses y a los partisanos italianos. Para Batista, los barbudos de Fidel eran terroristas, lo mismo que Nelson Mandela para las autoridades de Sudáfrica en la época dura del *apartheid*. Recuerdo que en un noticiero de la televisión francesa del Líbano denominaron "operación martirio" a un atentado palestino contra un bus de pasajeros en Jerusalén, que causó dieciocho muertos, y al consiguiente ataque del ejército israelí al pueblo natal del "mártir" lo llamaron "acto terrorista". ¿Quién es quién, realmente, en ese enmarañado y confuso bosque de palabras? El poder suele llamar *terrorista* a quien lo asusta a él, que no siempre coincide con quien asusta a la población. Hay casos en que sí coincide, sin duda, pero hay otros en que lo más terrorífico para un pueblo es su propio gobernante.

Por eso a las palabras, como decía Cortázar, conviene lavarlas de vez en cuando. Meterlas a la lavadora y extenderlas al sol, ya limpias, para que puedan recobrar su verdadero sentido. El que va perdiendo por estar en boca de quienes las pronuncian pero no creen en ellas; de quienes no las representan ni las quieren, pero las dicen para confundir y medrar, y para obtener la dignidad que éstas otorgan, aunque no la merezcan. A palabras como "cultura", "democracia", "responsabilidad", "fraternidad", "libertad", "igualdad", "respeto", ¿no les hace falta un poco de blanqueador para que vuelvan a esplender como ese día en que las pronunciaron por primera vez?

Y en Colombia, más allá de las palabras de la guerra o del ocultamiento de la guerra, por la mera violencia verbal que en ciertos casos es muestra de ese profundo desprecio por el propio país, ¿no habría también que volver a medir la carga de algunas, dejando atrás una semántica racista y obtusa? Recuerdo que, de niño, circulaba por Bogotá un dicho que causaba mucha risa: "Qué desgracia de pueblo. ¡Hasta el cura es indio!". En Colombia decirle "indio" a alguien es insultarlo. Por eso a los colombianos les cuesta decirles "indios" a los ciudadanos de la India, pues sienten y creen que los están insultando. Prefieren emplear el otro término, "hindúes", que a pesar de estar en algunos diccionarios es incorrecto, ya que hindú es quien profesa la religión hinduista.

4. Guerras del comercio

En la guerra suelen converger todas las motivaciones, pues a medida que se dispara y se avanza, ésta va ocupando el espectro completo de las actividades humanas, y cuanto más larga es en el tiempo más se desliza por intersticios y se metamorfosea, hasta contaminar cada uno de los aspectos de la vida de un pueblo, aunque haya empezado, como suele suceder, por una razón específica.

Una de las más modernas es la protección de intereses comerciales o económicos, y es despiadada, ya que en su origen no la motiva el resentimiento sino el cálculo: cuando los intereses de un grupo se ven afectados, se precipita la guerra para subvertir el orden y recuperar o restablecer derechos adquiridos, o apoderarse de nuevos. Ciertamente, el comercio es también una estrategia de guerra dentro de un combate más grande; cortar los suministros del enemigo y golpear sus arcas redundará en un debilitamiento mayor de éste.

Que el comercio sea el origen mismo de la guerra muestra hasta qué punto la vida económica determina la moral y la ética humana, desde hace muchos siglos. Es la moral del capitalismo planteada por Hobbes, pero llevada a su extremo técnico y moderno, donde se oponen dos conductas: si obtener un capital es el resultado natural de un proceder moralmente bueno, consolidarlo o hacerlo más grande lo justifica todo. El patrimonio alcanzado trae consigo su moral.

La guerra entre Colombia y Perú[43], en 1932, fue uno de estos casos; se originó en el momento en que Colombia decidió nacionalizar la parte colombiana de la ya mencionada cauchería Peruvian Rubber Company, conocida como Casa Arana. Su propietario, Julio César Arana, era uno de los hombres más ricos del continente y por supuesto manejaba a su antojo la política en Lima. En respuesta a la pérdida

---

43 Aparte de los rifirrafes limítrofes con Ecuador, en 1830, esta fue la única guerra internacional de Colombia. Perú, en cambio, ha hecho la guerra prácticamente en todas sus fronteras, excepto con el océano Pacífico.

de sus territorios, Arana movió sus influencias para que un grupo de peruanos lanzara una incursión militar y se tomara el puerto de Leticia, con el argumento de que lo habían fundado ciudadanos peruanos. Así forzaron al presidente de la república, Luis Miguel Sánchez Cerro, a apoyarlos.

El titular del periódico *El Tiempo*, poco después del 1.° de septiembre de 1932, día de la toma, dice: "Trescientos comunistas peruanos se adueñaron el jueves pasado de Leticia". La mención "comunistas" se explica porque los peruanos eran militantes del APRA.

El conflicto duró hasta abril de 1933 y los combates se libraron en medio de la selva. Los peruanos manifestaban que la aviación colombiana los bombardeaba con cocos desde sus aeroplanos Junkers. Los colombianos decían que el ejército del Perú atacaba con indios caníbales.

Mi abuelo, Alfonso Gamboa Amador, estuvo en esa guerra con poco más de veinte años. Fue el primer médico que se presentó como voluntario y por eso, años después, el gobierno le otorgó una condecoración que él rechazó con el argumento de que se había alistado sólo por cumplir el juramento a Hipócrates que hizo al graduarse en la Universidad Nacional. Las pocas veces que hablaba de esa guerra decía que los peruanos lo habían derribado mientras iba en un hidroavión de la Cruz Roja y que debió acuatizar en un caño, en medio de una lluvia de balas.

—¡Esos salvajes no respetaban ni las siglas internacionales de la Cruz Roja! —decía, enfurecido.

Tras seis meses de combates los dos países se sentaron a negociar en Río de Janeiro, donde se estableció el Protocolo de Río para ratificar los tratados limítrofes Salomón-Lozano, que databan de 1922 y que devolvieron Leticia a Colombia. Esas negociaciones quedaron registradas en el diario personal de un joven mexicano, primer secretario de la embajada de México en Brasil, que era uno de los países garantes.

El joven se llamaba Alfonso Reyes.

Dice Reyes en su diario el 18 de mayo de 1934:

"Cuatro de la tarde, arreglaré en Río conflicto de Leticia entre Colombia y Perú, bajo presidencia de la Conferencia. Mello Franco pensaba al principio encargarme redacción texto castellano. Al fin, por darles entrada, lo entregaron a Belaúnde y Guillermo Valencia, inteligencia si hay conflicto acudirán a mí"[44].

Para Colombia, la consecuencia legal de este conflicto fue prohibir que un extranjero sea propietario de tierras que colinden con la frontera nacional.

En el plano internacional, son incontables las guerras regidas por intereses comerciales —las del petróleo—, pero tal vez el caso más emblemático, quintaesencia de la arrogancia imperial y del racismo del siglo XIX, fue el de las guerras del Opio, entre Gran Bretaña y China. Posiblemente la más humillante y despiadada guerra colonial de la región asiática. La más soberbia e injusta por parte de Inglaterra en todo su enorme imperio.

---

44 Rafael Belaúnde, padre de Fernando Belaúnde Terry, dos veces presidente del Perú, y el poeta Guillermo Valencia, diplomático.

Y comenzó con una frase:

—¡El opio es el fango extranjero que adormece nuestras voluntades!

La dijo el emperador de la dinastía Qing, cansado de ver a su gente aletargada, durmiendo la mona en la calle; los hombres acostados en las lanchas pesqueras sin salir al mar o echados en los campos de siembra, con los azadones tirados en el suelo. Por ello decidió tomar cartas en el asunto y endurecer la prohibición de venta y consumo de opio, lo que contrariaba enormemente a los británicos, que eran los dueños del negocio. El comercio del opio era ilegal en China desde mediados del siglo xviii, lo que no impedía que llegara de contrabando. Si a principios del siglo xix se desembarcaban trescientas toneladas, en 1838 —un año antes de la primera guerra del Opio— la cifra se multiplicó por diez. Esto supuso la creación de poderosísimas mafias que controlaban todo el circuito: el desembarco desde las naves británicas, las redes de transporte interno ya en China, los "fumaderos" para los adictos y la reventa. La empresa que tenía este monopolio y que, de algún modo, representaba los intereses de la corona británica en Asia era la East Indian Company, la cual, a pesar de no ser del todo oficial, contaba con el apoyo y el beneplácito de Londres. Esta compañía compraba en China el té, las sedas y el ruibarbo que luego llevaba a Europa, pero como el viaje desde Cantón era muy largo, prefería no pagar estos productos en metálico. La solución fue el opio, sembrado en la India Británica. Éste les permitía, en China, hacer trueque: opio inglés a cambio de té, sedas y ruibarbo. Las ganancias eran enormes, y así la East Indian Company se convirtió en la punta de lanza del capitalismo británico en Asia.

Para China, en cambio, fue funesto. Las mafias, la corrupción, el inmovilismo. Y en lo económico, un verdadero caos, pues cada vez recibía menos dinero por la exportación de sus productos, lo que empezó a empobrecer al país.

Esa fue la situación hasta que, en 1839, llegó a Cantón un "comisario imperial" llamado Lin Hse Tsu, uno de los funcionarios más destacados por su honradez —convertido en héroe y patriota más tarde por la historiografía comunista—. Este hombre recto venía decidido a acabar con el contrabando, y tras organizar una fuerza armada, obligó a los mercaderes ingleses fondeados en el puerto a entregar el opio. Así logró confiscar 20.000 cajas de droga, las cuales ardieron durante veinte días en la desembocadura del río Cantón, en medio de los aplausos satisfechos de los habitantes que veían en esta acción un primer paso hacia la recuperación de su soberanía comercial.

Pero hubo un problema: entre los ingleses arrestados se encontraba un cierto capitán Elliot, que navegaba los mares de China como representante directo de la reina Victoria. Esto alertó a Londres y fue el primer toque de campana. Poco después un marinero inglés, borracho, asesinó a un comerciante chino y se escondió en la sede británica de Cantón. Los ingleses no lo entregaron, iniciando así la práctica de no reconocer la jurisdicción china sobre delitos perpetrados por occidentales. Con este comportamiento, Inglaterra buscaba la guerra.

Los comerciantes de la East Indian Company se retiraron a la isla de Hong Kong, convirtiéndola en su base naval estratégica, y empezaron las hostilidades. En el verano de 1840 la marina inglesa atacó las costas de China. No lograron tomar

Cantón, defendida valerosamente por Lin Hse Tsu, pero ocuparon el delta del río Yangtsé y la isla de Chusan; por el norte ocuparon el brazo de mar al frente del puerto de Tianjin, que es el más cercano a la capital, disponiéndose para el ataque. Llegados a este punto, la corte china se amedrentó y buscó una salida negociada al conflicto; para ello, licenciaron del cargo a Lin Hse Tsu, a quien enviaron al exilio, y se sentaron con los enviados de la reina a discutir un acuerdo.

La codicia de la pérfida Albión fue muy grande y en lugar de un acuerdo le impusieron a China una capitulación militar que les abriera de par en par las puertas del comercio, sin ninguna restricción, a lo que debía sumarse una fuerte indemnización por el opio confiscado, equivalente a algo más de la mitad de los ingresos anuales del Imperio.

Las dos guerras del Opio (1839-1842 y 1856-1860) fueron una humillante derrota diplomática para el emperador —el oprobioso documento se llama "Tratado de Nankín"—, pues además de reconocerles inmunidad a los ingleses por los delitos que cometieran en China, debieron cederles la isla de Hong Kong y la península de Kowloon. Como si fuera poco, Londres extendió su dominio sobre Birmania y el Nepal, que hasta ese momento habían sido tributarios de Pekín. Para agravar las cosas, Francia —que desde 1833 le había arrebatado al Imperio los territorios de Indochina, y que se alió con Inglaterra en la segunda guerra del Opio— y Estados Unidos exigieron y obtuvieron sin combatir los mismos privilegios que Gran Bretaña, con lo cual los chinos de la costa empezaron a ser extranjeros en su propia tierra.

Más tarde, en 1898, Londres y Pekín firmaron un contrato (obligatorio para China) de arrendamiento de todas las islas del sector, llamadas los *New Territories*, por 99 años. Por esto Hong Kong quedó a la deriva, separada de la Gran Madre y a merced de los "diablos occidentales". Fue así como Confucio debió vérselas con el espíritu de Keynes. Y triunfó el espíritu del capitalismo sobre la milenaria moral confuciana. Y la moral protestante fue satisfecha, una vez más.

5. La guerra de guerrillas y la resistencia

Las guerras se mantienen cuando existe paridad de fuerzas, pero cuando no y es necesario defenderse o resistir hay que buscar otras formas. La palabra *guerrilla* se inventó en España a principios del siglo xix para describir la lucha de un grupo de combatientes mal armados contra los ejércitos napoleónicos, usando la vieja técnica de Robin Hood de "golpear y desaparecer" en el bosque, que vino a desarrollarse en el siglo xx y que lleva operando en Colombia más de cincuenta años. Durante la Segunda Guerra Mundial la emplearon con éxito los *maquis* franceses, los resistentes italianos (*partigiani*) y los yugoslavos del futuro mariscal Tito. En Vietnam les dio la victoria a los *vietcongs*, que eran inferiores en armamento pero estaban luchando en su propio país. También en las numerosas guerras de guerrillas de África, Asia y América Latina. Lo fundamental para esto es el conocimiento del terreno. Conocerlo y tener una posición sólida en él da una ventaja que puede llegar a equilibrar fuerzas, otro principio de la guerra de guerrillas.

Aparte de la guerra de Colombia, la más larga de la palabra *guerrilla* en su historia, el caso más vistoso y relativamente reciente de este tipo de combate surgió con el ataque del ejército ruso a Chechenia y su capital, Grozni, en noviembre de 1994. En absoluta desproporción de fuerzas y pertrechos, y enfrentados a lo que hasta ese momento se consideraba una potencia mundial —¡el temido ejército ruso!—, los rebeldes chechenos lograron destruirles cuatrocientos tanques y dar de baja a más de mil soldados en un mes y medio de combates dentro de la ciudad.

Recuerdo mi sorpresa, en la redacción latinoamericana de Radio France Internationale (RFI), en París, donde trabajaba en esos años, al ver en el diario *Libération* la foto de un helicóptero ruso derribado por los rebeldes chechenos, milicianos de religión musulmana que hasta hacía poco eran considerados poco más que pastores de cabras y bebedores de yogur. La fiereza chechena tenía sus antecedentes en la literatura, pero al parecer ni el presidente Boris Yeltsin ni su ministro de Defensa, Pavel Gratchov, habían leído la breve novela *Hadji Murat*, de Tolstói, en la que se cuentan las hazañas de un rebelde checheno enfrentado a las tropas del zar Nicolás I.

Tras esa primera derrota, Moscú desplegó contra Chechenia una fuerza equivalente a la de una conflagración mundial y, después de batir verdaderos récords bélicos —una bomba por segundo contra el palacio presidencial de Grozni, treinta mil proyectiles diarios—, lograron ocupar la ciudad. Un magro botín que, visto en fotos, era una gigantesca montaña de escombros; hacía pensar en las cavernas áridas de Capadocia.

Recuerdo haber seguido esa guerra con vértigo, leyendo cada mañana los teletipos con la información de las agencias, que aún llegaban en papel continuo de color amarillo. Junto con los bombardeos de Hanói, hechos por los B-52 de la aviación de Estados Unidos, éstos fueron los más intensos sobre una ciudad desde el fin de la Segunda Guerra Mundial.

6. Guerra mundial

El concepto "guerra mundial", que involucra a la mayoría de las naciones del mundo, es tal vez una de las primeras y más intensas globalizaciones: la de las armas y la muerte desde el punto de vista tecnológico, con la creación de industrias dedicadas a la construcción de armamentos, basadas en el método *fordista* de producción en cadena, en las que las mujeres podían sustituir a los hombres como fuerza de trabajo mientras ellos se iban a la guerra. Cada superpotencia creó su "economía de guerra", redireccionando el aparato productivo de una nación hacia un solo norte: ganar la guerra.

Hace apenas setenta años de todo esto y por eso impresiona tanto. Quien presenció el fin de la guerra en Berlín con veinte años hoy tiene noventa, lo que significa que aún viven quienes pueden recordarlo de primera mano, cerrar los ojos y evocar ese horror y, tal vez, contarlo con sus propias palabras. Es la diferencia con las guerras y crímenes del Medioevo, de los que sólo tenemos noticia por la historia; por eso, cuando por cualquier motivo paso unos días en Berlín, procuro dedicarle una tarde a vagabundear y observar a los ancianos en los parques. Son figuras silenciosas que van de aquí para allá, en Charlottenburg o en Kurfürstendamm, en la Friedrichstrasse o el Tiergarten o incluso en la enorme Potsdamer Platz. Están ahí, de pelo blanco y gorro, y al verlos deambular en ese silencio imagino que todavía les resuenan en la cabeza los estallidos de las bombas, el estruendo de los edificios derribados, el rechinar de hierros retorcidos, el peso de los escombros y el sonido hiriente de los gritos de los berlineses que vivieron la toma de la ciudad por el temible Ejército Rojo de Stalin.

Esto lo cuenta con enorme talento el historiador inglés Antony Beevor en su libro *Berlín. La caída: 1945*, en el que sigue minuto a minuto lo que estos viejos experimentaron en su propia piel, y la verdad es que pone los pelos de punta. Dos millones y medio de soldados rusos cercando la capital del Reich, defendida por 180.000 soldados mal armados, en su mayoría, y sobre todo milicianos de la Volkssturm, ancianos, niños y heridos, que eran la última fila del reclutamiento.

Las cifras que da Beevor son escalofriantes. En las primeras 48 horas los rusos dispararon 1.680.000 bombas sobre Berlín, antes de lanzarse con tanques, carros armados e infantería. En ciertos momentos llegaron a caer trece bombas por segundo, incluidas las que disparaban los cañones de asedio de 600 milímetros. Cada proyectil pesaba media tonelada.

Los defensores de Berlín, además, se veían entre dos fuegos, ya que la Gestapo, por mandato de Goering, había dado la orden de ejecutar en el acto a todo el que se batiera en retirada ante el avance del Ejército Rojo, y por supuesto a los que ondearan banderas blancas desde sus casas. Se calcula que a unos 25.000 soldados y civiles alemanes los asesinaron por esta causa en los últimos días de la guerra. La consigna era morir en la defensa. Los jerarcas nazis habían decidido no evacuar la población civil para que los soldados defendieran con más ahínco las posiciones. La propaganda nazi había presentado a los rusos como bestias sedientas de sangre y la idea de caer en sus manos los horrorizaba.

Eran las fauces del dragón de Sigfrido.

Y la verdad, en esto no había mucha exageración, ya que los soldados rusos, en las ciudades conquistadas, se dedicaban al saqueo y a la violación de un modo desenfrenado, algo que sus superiores no lograron —ni quisieron— controlar, ya que el deseo de venganza por las atrocidades de la Wehrmacht con la población civil rusa durante la invasión alemana a la URSS y el ataque a Moscú eran muy fuertes. Hay testimonios de mujeres violadas por una compañía entera, niñas de doce años y ancianas de setenta. Todas por igual[45].

Los nazis, para protegerse, inmolaron a la población alemana (que los encumbró), y cada uno de esos ancianos que hoy se pasean —los que aún logran mantenerse en pie— por el Zoo o la Alexander Platz debe guardar en su memoria escenas cuya visión ningún ser humano nacido después de esos años podría soportar o creería posible. ¿Es imaginable el espectáculo de 300.000 muertos en apenas tres días de combates dentro de una ciudad? Y esto no sólo en Berlín, sino llevado a toda Alemania. Dice el escritor alemán W.G. Sebald:

"Es difícil hacerse hoy una idea medianamente adecuada de las dimensiones que alcanzó la destrucción de las ciudades alemanas en los últimos años de la Segunda Guerra Mundial, y más difícil aún reflexionar sobre los horrores que acompañaron esa devastación. Es verdad que de los *Strategic Bombing Surveys* de los

---

45 Recomiendo a este respecto un texto anónimo titulado *Una mujer en Berlín*. Editorial Anagrama, 2005.

Aliados, de las encuestas de la Oficina Federal de Estadística y de otras fuentes oficiales se desprende que sólo la Royal Air Force arrojó un millón de toneladas de bombas sobre el territorio enemigo, que de las 131 ciudades atacadas, en parte sólo una vez y en parte repetidas veces, algunas quedaron casi totalmente arrasadas, que unos 600.000 civiles fueron víctimas de la guerra aérea en Alemania, que tres millones y medio de viviendas fueron destruidas, que al terminar la guerra había siete millones y medio de personas sin hogar, que a cada habitante de Colonia le correspondían 31,4 m^3 de escombros, y a cada uno de Dresde 42,8 m^3"[46].

Las *Memorias* de Albert Speer, arquitecto y ministro de Guerra y Armamento alemán, abundan en cuanto a las dimensiones de la destrucción proveniente del cielo, del combate aéreo y el modo en que éste decidió la suerte germana, pero también dan testimonio de que el Tercer Reich perdió la guerra por algo insólito en el pueblo alemán: la indisciplina. El triunfalismo de sus líderes los llevó a minimizar la gravedad de los bombardeos a las fábricas de armas y pertrechos para la guerra, confiados en la capacidad de regeneración de su esquema productivo, considerada por ellos poco menos que mágica, pero que entorpecían constantemente con sus delirios de grandeza. En plena guerra, con las fábricas semidestruidas y al límite, con poca materia prima e insumos, jerarcas como Goering, Himmler y el propio Hitler, de repente ordenaban

---

46 W.G. Sebald. *Sobre la historia natural de la destrucción*. Editorial Anagrama, 2003, p. 13.

transferir miles de obreros y millones de marcos en recursos y materiales para la construcción de sus casas de campo de lujo o de nuevas oficinas marmóreas.

El poderoso sueño de un imperio labrado por Hitler, que debía ser eterno, se fue al suelo precisamente porque en la mente de estos jerarcas la imaginación y el deseo acabaron suplantando la realidad de la guerra de la cual dependía. Mientras Churchill manejaba sus tropas desde una oficina oscura e incómoda —eso sí, con una buena provisión de whisky y tabacos—, los nazis seguían erigiendo palacios que habrían hecho palidecer de envidia a la bella y grácil Nefertiti.

Y de todos esos mármoles no quedó nada, sólo montañas de escombros.

La única obra de Speer que no fue destruida por la guerra —lo dice él mismo en su libro— fue un castillo de luz que hizo durante una celebración nacional, en honor de Hitler, usando reflectores antiaéreos que proyectó a modo de parales sobre la oscura noche alemana. Arte efímero, como la grandeza y supuesta inmortalidad del Reich. Todo lo demás, construido con materiales eternos, desapareció.

En la guerra, la austeridad y la disciplina son de vida o muerte. Igual que en el ajedrez, todos los peones, por insignificantes que parezcan, son fundamentales. Perder uno, así sea lejos de la acción, abre un boquete en el esquema que obligará más adelante a un gasto suplementario o a invertir un tiempo precioso para recuperar la paridad. Pero hay algo más en ese febril deseo de mostrarse grandes, de simbolizar con enormes palacios el propio poder.

Dice Hegel que el estado original de la sociedad humana es la lucha, pero no sólo para asegurar los recursos sino también porque quiere —y ansía— el reconocimiento. Se trata de algo similar al ceremonial del *potlatch* de los indios de Norteamérica, para los cuales el derroche del excedente es una demostración de prodigalidad que permite adquirir prestigio, y por eso en sus fiestas los jefes ricos lo regalan todo, significando que tienen mucho más y que ese gasto ni mella su inmenso patrimonio ni les quita el sueño. En la competencia por el prestigio se llega al extremo de quemar la casa, tirar al mar objetos valiosos y hundir sus lanchas; todo como una demostración de desapego que debe dar a entender lo mismo, opulencia, grandeza. Que obliga a los demás a registrarlo y recordarlo.

En la guerra hay un mecanismo psicológico parecido, pues la gana quien puede encajar mejor el gasto y la destrucción de sus recursos. El estatus se traduce en poder y éste en una imagen temible y sólida ante el enemigo. La fuerza consiste en tener más sobrante y, al mismo tiempo, en ser capaz de adecuar con rapidez el esquema productivo a condiciones de penuria extrema. Un principio que en la tecnología médica es comparable al de la quimioterapia en la cura contra el cáncer —que, a su manera, es también una guerra—: se ataca todas las células por igual, con la idea de que las cancerígenas sufran más al no tener la misma capacidad de regeneración que las sanas.

Pero de ese mefistofélico *potlach* no le quedó a Alemania nada distinto de montañas de cadáveres y cordilleras de escombros. Y algo aún peor: el peso no sólo de haber destruido a media Europa, sino de haber cometido uno de los crímenes más grandes y abominables de la historia humana, el Holocausto, que no tiene siquiera la justificación de la guerra ya que no formaba parte de su estrategia. El exterminio de judíos no le dio a Alemania ninguna ventaja. Al revés: se utilizó la guerra para llevar adelante con más esmero su proyectado genocidio.

Volviendo al Berlín de hoy, ahí están esos ancianos, dándoles maíz a las palomas desde su silla de ruedas u ocupando las bancas de los parques. Ellos saben mejor que nadie los océanos de sangre que le costó a Europa obtener la paz y la armonía de que hoy disfruta y por la cual luchan otras naciones más jóvenes —el caso de Colombia—, esperando tardar menos y, sobre todo, invirtiendo en ello menos muerte y destrucción. Y es que esa paz de hoy le costó al mundo cincuenta millones de muertos, según cálculos más recientes.

7. *El mal radical*

El Holocausto no fue una estrategia militar, lo que quiere decir que el Tercer Reich podría no haberlo hecho y su guerra expansionista habría sido igual. Incluso se ha argumentado —y muchos han optado por creer— que los ciudadanos alemanes no sabían a ciencia cierta lo que pasaba en los campos de concentración, y que si bien sí estaban al tanto de la segregación a los judíos —eran leyes nacionales y de obligatorio cumplimiento—, la gran mayoría no era consciente del alcance del crimen. A esto se podría replicar con el argumento del director de cine István Szabó en su filme *Taking sides* (2001), en un diálogo del fiscal —representado por Harvey Keitel—, quien dice, en uno de los juicios a la población por crímenes durante el nazismo:

—No entiendo por qué todos los alemanes salvaban judíos, ¡si se supone que no sabían nada!

He ahí el "mal radical", *das radikal Böse*, expuesto por Kant en *La religión dentro de los límites de la mera razón* (retomado por Hannah Arendt, quien le agrega un matiz espeluznante, la *banalidad*, a raíz del juicio a Eichmann), el cual describe esa disposición innata del hombre: "La proposición *el hombre es malo* significa que el hombre, siendo conocedor de una ley moral, decide conscientemente apartarse ocasionalmente de ella; y afirmar que lo es *por naturaleza* quiere decir que esa situación específica vale para toda la especie humana, independientemente de su condición".

De aquí también la premisa de Hegel, resumida así por Enzensberger: "El estado original de la sociedad humana es la lucha, pero no sólo para asegurarse los recursos existentes, sino también el reconocimiento por parte de los demás. Esa lucha es a vida o muerte, hasta que el derrotado es abatido o se rinde. En este caso, se convierte en siervo del vencedor. Pero la dialéctica quiere que no sea el señor el que transforme el mundo, sino el siervo, y precisamente a través de su trabajo, que durará hasta que al final el señor dependa de él".

En torno a esto sobrevuela la reflexión sobre la libertad humana y el "libre albedrío": la posibilidad consciente de elegir entre el bien y el mal, pues ambos son igual de humanos en el sentido de que son posibles.

En una de las novelas más bellas de Italo Calvino, *El vizconde demediado*, se narra la historia de un noble que, en una batalla campal contra los turcos, queda partido en dos mitades, con todo y caballo, por un contundente golpe de cañón. La fábula de Calvino dice que de un lado del conde queda toda la bondad y del otro la maldad, y que cada una de esas dos mitades sale por los campos a seguir ejerciendo su condición de caballero y a tener lances y aventuras.

La conclusión, al ver lo que ha hecho cada uno de los dos, es que ambas, tanto la maldad pura como la bondad pura, son igual de crueles. Y sobre todo: ¡ambas son terriblemente inhumanas! La una queriendo salvar y la otra condenando. Esto parece sugerir que para un equilibrio se requieren dosis de ambas. ¿Un poco de mugre en el ambiente traslúcido? Ya lo dijo el presidente Mao: "El pez no podría vivir en un agua completamente limpia".

Pero volviendo a la maldad, *das radikal Böse*, para ella es necesario tener claro que es una posibilidad: el hombre decide, y cualquiera que sea su elección, ésta se circunscribe dentro de lo humano. La historia de la humanidad ofrece numerosos ejemplos, pero el Holocausto es su momento emblemático y los campos de concentración, sus espacios naturales.

El escritor y político español Jorge Semprún fue uno de los sobrevivientes del campo de Buchenwald, el mismo en el que estuvo el escritor húngaro Imre Kertész, quien recibió el Premio Nobel de Literatura en 2002. A Semprún lo liberaron el 11 de abril de 1945, tras una reclusión de dos años, a lo largo de los cuales convivió día y noche con la muerte. Lo confinaron ahí después de su detención por la Gestapo en septiembre de 1943, en Francia, cuando era miembro de la célula Jean-Marie Action de la resistencia antinazi o *maquis*.

En ese momento Semprún tenía poco más de veinte años, era estudiante de filosofía y joven poeta. "La única resistencia verdadera —dijo siempre Semprún— es la resistencia armada".

Tras la liberación, debió siempre elegir entre la literatura o la vida, pues, para él, escribir era como permanecer en la memoria de la muerte o revivir la muerte de Buchenwald; entonces optó por la vida y decidió aplazar la escritura.

—Yo reía, me daba risa estar vivo —escribiría más tarde.

La terapia que siguió consistió en dedicarse de lleno a la política, al Partido Comunista Español, clandestino en épocas de Franco, con el alias de Federico Sánchez. Sólo hasta 1963 retomó la escritura. Poco después aparecería *El largo viaje*, su primera novela, sobre el traslado en tren hacia el campo de concentración, con el cual sella, además, su ruptura con el Partido Comunista clandestino. Esto último lo narra en su famosa *Autobiografía de Federico Sánchez*.

La escritura o la vida[47], tal vez su mayor reflexión sobre la experiencia de Buchenwald, es su obra maestra. Refiriéndose a un compañero muerto nos dice por qué, finalmente, decidió escribir:

—Quizá porque Yann Dessau no regresaría y había que hablar en su nombre, en nombre de su silencio, de todos los silencios: miles de gritos ahogados. Quizá los aparecidos tienen que hablar en el lugar de los desaparecidos, a veces; y los salvados en el lugar de los hundidos.

Al haber vivido en carne propia la experiencia del mal radical, y de haber atravesado la muerte encarnando la frase de Wittgenstein: "La muerte no es un acontecimiento de

---

47 Jorge Semprún. *La escritura o la vida*. Barcelona: Tusquets Editores, 1998.

la vida. No se puede vivir la muerte", o al haber sentido la profunda verdad de ese extraordinario verso de César Vallejo en *Poemas humanos*, que irrumpe en su memoria ante el cadáver de un antiguo profesor:

¡No mueras, te amo tanto! Pero el cadáver ¡ay! siguió muriendo…!

Antes de morir en 2011, con 87 años, Semprún dijo una frase estremecedora: "La memoria viva más larga del Holocausto, la de aquellos que podrán decir ¡yo lo vi!, será sólo judía, pues los únicos niños de los campos de concentración eran judíos, y ellos vivirán más".

VII. Dachau, 2005

1. Inferno

Entré a Dachau por el mismo enorme portón por el que entraban los detenidos luego de que se les tatuara un número en el antebrazo y llegué a una inmensa plaza. A la derecha está el edificio central del antiguo campo de concentración, con los comedores, las cocinas y las celdas de castigo. Al fondo, las barracas dormitorio y los hornos crematorios. A la izquierda, más barracas de trabajo y esos helados muros de granito donde se hacían los fusilamientos.

Estaba en Múnich invitado por el Instituto Cervantes para hablar sobre la obra de Roberto Bolaño, autor entre otros de *La literatura nazi en América*, así que la visita al antiguo campo de concentración de Dachau, a tan sólo dieciséis kilómetros, me pareció una simetría obligada. También por el hecho de que la ciudad bávara, de la que Gustav von Aschenbach, el protagonista de *Muerte en Venecia*, de Thomas Mann, escapó espantado por las dos macabras estatuas que presiden su cementerio, fue la capital de la Alemania de Hitler, la primera que le dio su apoyo en las urnas.

Cuando iba para allá en el metro de cercanías, desde el centro de Múnich, me impresionó ver el nombre de Dachau escrito en letras de molde, sin ningún complejo; en realidad, así se llama el pueblo donde está el campo, y es por cierto un lugar muy vivo, con niños que van en patineta al colegio, y bares y restaurantes y casas de campo. Los muros de algunas villas colindan con los del *lagher*, y muchos honrados muniqueses pasan ahí los fines de semana haciendo asados y jugando futbolín en los simétricos jardines de sus residencias de campo, sin que los ecos o los fantasmas del horror que se vivió a pocos metros los alteren, Dios santo, porque adentro, a pesar de que un cierto pudor protege al visitante, los paneles explicativos y las fotos le van haciendo sentir a uno un frío visceral.

Y allí está todo.

La tipología de los presos, por ejemplo. Los judíos, claro, pero también los "asociales", que eran los vagabundos, alcohólicos y drogadictos, y también los gitanos y los retrasados mentales, que la Alemania nazi consideraba escorias. También los presos políticos y los de guerra. Dachau llegó a albergar a más de 200.000 reclusos en los doce años de funcionamiento: desde 1933, al comienzo del ascenso de Hitler, hasta el fin de la guerra.

Tal vez lo más aterrador, poniendo matices y gradaciones al horror, son los laboratorios de los médicos, que para sus investigaciones hacían todo tipo de pruebas, como la inmersión de presos en aguas heladas para constatar qué órganos del cuerpo se apagan primero al morir de hipotermia, los efectos del agua de mar en el organismo o las operaciones sin anestesia para estudiar el umbral del dolor.

Estos experimentos se dividían en varios tipos: el primero eran los dirigidos a la supervivencia del personal militar. En Dachau, los médicos de la Fuerza Aérea y de la Institución Experimental Alemana para la Aviación hicieron pruebas sobre altitudes elevadas, usando cámaras de baja presión para determinar la altitud máxima desde la cual la tripulación de un avión dañado podría lanzarse en paracaídas con seguridad.

El segundo tipo de experimentos apuntaba al desarrollo de productos farmacéuticos y métodos de tratamiento para las lesiones y enfermedades a las que los soldados estaban expuestos en los campos. Los científicos probaron compuestos de inmunización y sueros para la prevención y tratamiento de enfermedades contagiosas, como la malaria, el tifus, la tuberculosis, la fiebre tifoidea, la fiebre amarilla y la hepatitis infecciosa. También hicieron injertos óseos y experimentos para probar la eficacia de las drogas sulfa de nuevo desarrollo (sulfanilamida).

En otros campos, como Natzweiler y Sachsenhausen, se sometió a los prisioneros al fosgeno y al gas mostaza para probar los posibles antídotos. En la Administración Nacional de Archivos y Registros se encontró testimonio del asesinato de 324 sacerdotes católicos en Dachau, expuestos a la malaria con fines experimentales.

Confieso no haber tenido riñones para entrar a los hornos crematorios. Me bastó con las celdas de castigo y la descripción de los castigos físicos. Un verdadero horror que no tiene comparación con ninguno de los horrores modernos, pues la lección de Dachau es que incluso en la monstruosidad hay gradaciones y este nivel de inhumanidad es difícil de igualar.

Es difícil, pero no imposible, y eso lo sabemos en Colombia, donde ocurre sin cesar toda la historia del mundo en forma comprimida. Y los hornos crematorios, por increíble que parezca, volvieron a surgir.

Al leerlo, no daba crédito a mis ojos. El 9 de mayo del 2009, en la sección judicial del periódico *El Espectador* apareció una espeluznante nota titulada "Los hornos del horror en el Catatumbo", en la que se explicaba el testimonio de un exparamilitar que contaba cómo las Autodefensas comenzaron a usar este método para deshacerse de los cadáveres y evitar las fosas comunes, que les suponía acusaciones graves de crímenes contra la humanidad. Según el artículo, "la idea de los hornos fue del extinto jefe paramilitar Carlos Castaño, atendiendo una solicitud de dirigentes políticos y militares de desaparecer cadáveres de esta manera", dice, y a continuación da lujo de detalles. Me permito citar los apartes iniciales de esa nota:

"La noticia de la siniestra práctica de las autodefensas de incinerar cuerpos para borrar cualquier rastro de su barbarie en el Catatumbo la dieron, en distintos escenarios, Salvatore Mancuso y Jorge Iván Laverde, alias el Iguano —y el país se estremeció—, pero los detalles más escabrosos sobre los hornos en los que carbonizaron a centenares de sus víctimas los entregó a la justicia Armando Rafael Mejía Guerra, alias Hernán. En un relato de una hora, el comandante que construyó estas parrillas de la muerte en la región de Juan Frío, en la frontera con Venezuela, detalló cómo esta rudimentaria forma de aniquilamiento a destiempos fue perfeccionándose al compás de las cenizas y el horror.

"A orillas del río Táchira, al frente de un viejo trapiche abandonado, por orden del comandante Gato, un hombre al que apodaban Gonzalo construyó el primer horno en el año 2002. Estaba hecho de ladrillos y se le echaba carbón mineral para atizar la hoguera y, de paso, los cadáveres. Fue un avance, se diría, en estos asuntos de desaparecer los vestigios que dejó su guerra. Antes quemaban los restos de sus víctimas con llantas de carros, ahí, en cualquier lugar, sin fogones ni procedimientos previos, con el fuego de los neumáticos consumiendo la piel y abrasando la carne de sus crímenes insepultos. 'Se buscaban los cauchos, se prendían y se tiraban los restos', contó secamente Hernán".

Una estrategia que, como en el Tercer Reich, buscaba cometer el crimen y borrar toda huella de él, con la pretensión de que, al no haber memoria, el crimen se desvanece. Porque la memoria es el peor enemigo de los criminales de guerra, y por eso la atacan. No sólo la memoria de sus propios crímenes, sino la memoria colectiva de las víctimas a las cuales se pretende destruir. No sólo acabar con su presente sino también con su pasado. Es lo que se ha llamado el "memoricidio".

2. El memoricidio

En otra ocasión, siempre en la Unesco, la embajadora de Polonia vino a verme a la oficina, en el cuarto piso del edificio de la rue Miollis, para pedir el apoyo de Colombia en un espinoso tema que se estaba dirimiendo en el Comité Intergubernamental para la Promoción del Retorno de Bienes Culturales hacia sus Países de Origen o su Restitución en Caso de Apropiación Ilícita, en el que éramos siempre neutrales cuando se trataba de la Segunda Guerra Mundial, y muy aguerridos en todo lo demás, en especial por nuestra aspiración de ver regresar algún día a Colombia el Tesoro de los Quimbayas, que hoy está en el Museo de América, en Madrid.

Pues bien, como se estaba reescribiendo un estatuto que tenía que ver con los términos de referencia para las obras robadas por los nazis en los países que ocuparon entre 1940 y 1945, muchas de las cuales, a su vez, se las llevaron los rusos a Moscú tras la conquista de Berlín, la embajadora de Polonia me explicó que las delegaciones de Alemania y Rusia, más los países dentro de la esfera de su influencia, querían imponer una redacción neutra, tan neutra que amenazaba con deslegitimar la propia historia de la guerra, pues lo que se proponía era emplear términos del tipo "obras transferidas", "obras trasladadas", "obras desplazadas", en fin, eufemismos que pretendían evadir la única mención correcta, respetuosa de la historia y de la verdad, que era "obras robadas".

Acto seguido, la embajadora me preguntó si conocía Varsovia. Le dije que no.

—Cuando vaya —dijo—, prométame que visitará nuestra Biblioteca Nacional. A la entrada, en el vestíbulo, verá usted una urna llena de cenizas. ¿Se imagina qué es?

—No, embajadora —le dije.

—Son las cenizas de nuestros libros antiguos. Los nazis los quemaron durante la ocupación, porque además de destruirnos quisieron acabar con nuestro pasado. Una parte de nuestra memoria la quemaron, y la otra, lo que quedó, se la llevaron a la fuerza, se la robaron, para exhibirla en sus palacios. Eso es lo que ahora pretenden describir como "obras trasladadas". Por eso le pido el apoyo de su país.

Tan pronto como la embajadora salió, escribí un oficio a la cancillería en el que recomendaba la conveniencia de apoyar todas las iniciativas que tuvieran como fin el uso de un lenguaje directo, respetuoso de la verdad y de la historia, lo que a la larga nos convendría en nuestras propias reivindicaciones.

Los términos de la embajadora polaca eran muy precisos: una guerra que pretende aniquilar a una población no se contenta con destruir el presente y comprometer el futuro, sino que debe aniquilar el pasado. Tal vez con la presunción de que si no se destruye, éste podrá resurgir con más fuerza y devolverse en contra, más aún cuando el deseo del agresor es crear un nuevo orden sobre los escombros del que intenta destruir, como en esa historia de Borges, *La muralla y los libros*, en la que el emperador chino ordena quemar los códices, destruir todo vestigio del pasado e iniciar la construcción de una muralla. Para que la historia desaparezca y vuelva a empezar con él.

Algo parecido ocurrió en Sarajevo con la destrucción de la gran biblioteca, que todos llamaban la *Vijécnica*, literalmente "alcaldía", por la antigua ocupación del edificio. En 1993 ya hacía un año que los serbios la habían bombardeado. La biblioteca era un bonito edificio estilo mudéjar, inspirado en la arquitectura de la Alhambra y construido en el siglo

XIX por autoridades austríacas que quisieron homenajear a la comunidad bosniomusulmana y que, con los años, se fue convirtiendo en una de las marcas islámicas de Bosnia. Nada que pudieran detestar con más ahínco los serbobosnios. Por eso en agosto de 1992, una de las primeras cosas que hicieron fue destruirla.

Fui a visitar sus ruinas en actitud de recogimiento. Uno podía entrar por cualquiera de los muchos boquetes laterales y caminar entre el cascajo y los restos de libros que aún estaban ahí, desleídos, húmedos. Al fondo se veían el esqueleto de una escalera palaciega pero cubierta de escombros, postes de madera quemados y húmedos de lluvia, cascotes de cemento, fragmentos de vidrio y aluminio, barras de hierro retorcidas. Por ella se podía subir a las plantas altas y ver más de lo mismo: destrucción, devastación, vacío. Los anaqueles donde antes estaban los libros eran paredes desnudas, negreadas por el humo, perforadas por la metralla. De vez en cuando alguna paloma entraba por el techo eventrado, removiendo el polvo con su aleteo y causando extrañas irisaciones en el aire. O tremebundas sombras. Algo que le daba a la sala un aire aún más espectral.

Lo más inverosímil es que quien dio la orden de destruirla con la idea de "corregir la historia" fue nada menos que un poeta y antiguo docente de literatura de la Universidad de Sarajevo, especialista en Shakespeare, el profesor Nikola Koljevic, quien durante la guerra fungió de vicepresidente de la autoproclamada República Serbia de Bosnia. No es improbable que su afición por Shakespeare haya tenido que ver con su final, pues, detenido por el Tribunal Penal Internacional de La Haya, se suicidó antes de ser juzgado.

Refiriéndose a este hecho, dice Juan Goytisolo:

"La devastación programada de monumentos y edificios a fin de crear espacios vacuos sobre los que erigir otra historia, como ocurre en los territorios ocupados de Palestina, sería incompleta sin la supresión de la memoria escrita: el saber acumulado por sedimentación en las bibliotecas. Sin necesidad de remontarse a los incendios de Alejandría, la quema de millares de manuscritos árabes en la puerta de Bibarrambla por el cardenal Cisneros a la caída del reino nazarí de Granada es un buen ejemplo de lo que digo: había que despojar a los moriscos de su lengua y memoria para justificar después su expulsión en razón de su resistencia proterva a la empresa memoricida.

"Casi cinco siglos después, el hecho se repitió con el incendio de la biblioteca de Sarajevo por los ultranacionalistas serbios: infinidad de manuscritos y documentos quedaron reducidos a ceniza y humo por el fuego purificador de quienes vengaban así la "afrenta histórica" de la derrota del príncipe Lazar en la batalla de Campo de los Mirlos. También Hitler ordenó la quema de todos los "libros judíos" y Stalin la de los "burgueses-cosmopolitas".

3. Mi guerra civil española

La memoria es el verdadero confín de la vida: después de la muerte aún seguiremos existiendo mientras alguien nos recuerde, hasta que muera el último ser humano que pueda dar fe o palabra de nosotros. Los muertos no pueden recordar a los muertos y es ahí cuando de verdad lo que fue uno se transforma en nada. Y no sólo con las vidas, también con las culturas. Por eso la guerra de Troya aún no termina: porque la seguimos recordando y leyendo, porque sigue modificando el presente.

Una de las guerras que más me han impresionado es la guerra civil española, y por eso cuando fui a vivir a Madrid, en 1985, se convirtió en una verdadera obsesión, pues aún seguía viva en la memoria de muchísimos madrileños. Habían pasado sólo 46 años. Para acercarme a ella me lancé sobre los libros, y leí, aunque mejor sería decir "devoré", todo lo que tuviera que ver con ella, sin poner grandes filtros, y de todo eso hoy recuerdo especialmente *Réquiem por un campesino español*, de Ramón J. Sender; *La forja de un rebelde*, de Arturo Barea, cuyo tercer tomo está dedicado al cerco de Madrid; *La plaza del diamante*, de Mercé Rodoreda; *L'espoir*, de Malraux; *Esta es mi tierra*, de Ana María Matute, y *Por quién doblan las campanas*, de Hemingway.

Me sorprendió que no hubiera muchas más novelas que trataran el tema. Lo comenté con algunos profesores de literatura de la Universidad Complutense, donde estudié, y la respuesta que varios me dieron fue que la guerra había sido un hecho tan rotundo y traumático que quienes la vivieron de primera mano, con algunas excepciones, no habían querido escribir sobre ella para no tener que revivir semejante dolor. Decían que más adelante los nietos de los combatientes la contarían, y tuvieron razón, pues a partir de *Soldados de Salamina*, de Javier Cercas, fue como si cayera una especie de muro invisible; en la década siguiente, la primera del siglo XXI, casi todos los escritores españoles, uno tras otro, se lanzaron a escribir *su* guerra civil, buscando personajes y episodios, como Jesús Ferrero en *Las trece rosas*, o como Ignacio Martínez de Pisón en *Enterrar a los muertos*, o José Ovejero en *Una comedia salvaje*, o Jordi Soler en *Los rojos de ultramar*, o transformándola directamente en el centro de su obra, como hizo y sigue haciendo Almudena Grandes a partir de *El corazón helado*, con su proyecto casi muralístico sobre la guerra civil y la posguerra.

Al llegar a Madrid había encontrado un apartamento compartido en el número 11 de la calle Santísima Trinidad, en el barrio de Chamberí. Un lugar amoblado, con dos habitaciones contiguas y un balcón a la calle, en el tercer piso. Sin teléfono, como solía pasar en esos años. La propietaria, una anciana de La Rioja llamada Visitación Isazi, me dio la bienvenida con los brazos abiertos y me dijo: "El otro joven que vive acá es un poeta de Palma de Mallorca, se llevarán bien". Ese joven poeta se llamaba Miguel Ángel Velasco y fue uno de los grandes de su generación, hasta que se suicidó a los 47 años.

En el apartamento, que era bastante viejo y cuyos muebles parecían haber sido recogidos de la calle, había una habitación cerca de la entrada que siempre estaba cerrada con llave. Yo oía a la *señorita* Isazi o Visichu —así debíamos decirle— entrar en ella, darle vueltas a un llavero y luego, al salir, vuelta a ponerle llave, y así pasaron varios años, dos o tres, hasta que un día, no recuerdo en qué circunstancia, entré a la casa y vi que la puerta de ese cuarto estaba abierta. "¿Visichu?, ¿Visichu?". Me asomé al corredor del fondo, pero no estaba. Tampoco la vi en mi habitación ni en la de

Miguel, y me dije "¿Qué extraño?, ¿habrá pasado algo?". Por supuesto que la curiosidad pudo más y, sintiendo que profanaba un templo, entré de puntillas al cuarto secreto. Las paredes estaban cubiertas de armarios cerrados y cuando estiré la mano hacia uno para abrirlo sentí un viento frío. ¿Qué iba a encontrar ahí dentro?

Al empujar la puerta corrediza del primero casi caigo al suelo de la sorpresa, pues lo que vi me llevó de un golpe a la memoria de la guerra civil y al cerco de Madrid: armarios llenos a reventar de latas de conservas, en todos los compartimientos y cajones: latas empolvadas, pasadas de fecha, centenares de frascos de encurtidos, atunes, arvejas y maíz; agarré una lata y vi que tenía fecha de 1965, mi año de nacimiento. Eran unos boquerones. Había piña y duraznos en almíbar, mejillones de escabeche, latas cilíndricas de salchichas, de carne, de arroces, algunas con la etiqueta ya casi borrada, y también centenares de conservas hechas por ella. "Por eso es que siempre me pide que no bote los frascos", pensé; ella los enjuagaba y reutilizaba con sus mermeladas, sus jaleas, llenaba y llenaba y apilaba. En otras palabras: se preparaba de nuevo, a sus 87 años, para la guerra. Para el cerco de Madrid.

VIII. La paz posible

1. ¡Ha estallado la paz!

Esta expresión, título de una novela del español José María Gironella —escritor franquista hoy prácticamente olvidado, autor de un *bestseller* en los años cincuenta, *Los cipreses creen en Dios*—, siempre me produjo enorme inquietud: ¿puede estallar la paz al igual que la guerra? Es sólo una expresión, claro, pero sugiere algo muy revelador y es que tanto la paz como la guerra reposan sobre el mismo eje, y por lo tanto la una viene a ser el negativo o la ausencia de la otra. Si una de las dos disminuye es porque la otra aumentó, y viceversa, como el calor y el frío, poniendo de manifiesto una oposición de términos irreconciliables, como vida y muerte o cambio y permanencia.

Por eso siempre he creído que el célebre aforismo de Carl von Clausewitz es incompleto, pues le falta la palabra "paz". Me refiero, cómo no, a ese que dice: "La guerra es la continuación de la política por otros medios". Atendiendo a la historia y observando su realidad desde los inicios, es tal vez más acertado y comprobable decir: "La política es la continuación de la guerra en tiempos de paz". Y esto por algo elemental: que la guerra es anterior a la política. De hecho, la política, tal como la conocemos hoy, es una actividad bastante tardía que comienza en la Grecia de las ciudades Estado —las *polis*—, cuando ya mucha sangre había bajado por las cañadas. El hombre creó la política para no tener que seguirse matando hasta que cayera el último, para darse una tregua y permitir un reacomodo; para dejar que el progreso ligado al trabajo en tiempos de paz llevara a la sociedad tan lejos como le fuera posible, hasta la siguiente guerra.

La política es una especie de dique o terraplén, pero cuando el alto nivel de hostilidad o desacuerdo la desborda, pasa como con los ríos, que se salen de cauce. Entonces el hombre abdica de la civilidad y regresa a su estado más primitivo. Y para que esto suceda es necesario muy poco: basta que algunos griten o gesticulen durante un tiempo prolongado. Si están en un lugar visible y su voz es elocuente, la paz caerá como un castillo de naipes, porque *es* un castillo de naipes. Nada más fácil para el ser humano que prescindir de lo que no es natural en él.

La función de la política es, adicionalmente, la de las vigas que sostienen ese castillo, algo que debe regirse por un orden y que debe aspirar a la simetría y a la justicia. Los duros de la política no sacan sus armas ni las disparan porque pueden hablar y ser escuchados por otros en un hemiciclo diseñado para esto y que tiene la forma del antiguo teatro griego. Es decir, que están allí porque se les permite *representar* sus ideas y enfrentarlas a otras, ante un público, sin tener que empuñar su garrote o su Máuser. Por eso el teatro, que es la quintaesencia del artificio, era fundamental en la democracia ateniense. Y lo sigue siendo en la nuestra. Mientras ese esquema artificial se mantenga, habrá paz. Una paz tensa y llena de turbias corrientes, como suele ser la paz humana, pero que es la única a la que podemos aspirar. Una paz por cuyas tuberías corre la sangre y en cuyo trastero, casi siempre, hay cadáveres y se oyen lamentos atrapados. Así es la paz real de los hombres, diferente de la cándida paz de los dioses.

Por eso es lícito afirmar que la política es el arte de la guerra en tiempos de paz.

Y por eso la paz, como escribió Condorcet, es el objetivo máximo de la civilización, su construcción más elaborada y difícil. Pero también su gran artificio. Heráclito habló del *polemos* (el fuego, el espíritu de la contradicción y la batalla), que es indisociable de la idea de guerra y paz, que para él son dos momentos de lo mismo, unidos por la armonía (o desarmonía) de los contrarios. Más adelante, Nietzsche comenta las ideas de Heráclito: "La paz no es tranquilidad o quietud, sino combate armónico entre elementos no armónicos. Síntesis de guerra y paz. El reposo uniforme y la seguridad protectora no son la verdadera paz, pues si cada cosa contiene a su contrario la paz contiene a la guerra, escondida y latente en ella. Por eso no hay paz pura, separada de la guerra"[48].

Platón asocia también la paz a la armonía, a la calma, a la temperancia y, sobre todo, al orden. Para él, la paz se logra cuando la pasión se subordina a la razón, pero igual que otros filósofos, la relaciona con el letargo y la quietud, incluso con una cierta indolencia contraria a la guerra, que en cambio despierta los sentidos, la velocidad y la acción.

48 Friedrich Nietzsche. *Los filósofos preplatónicos.* Madrid: Editorial Trotta, 2003, p. 169.

Es curioso ver cómo en la antigüedad la paz no gozaba del mismo prestigio que en nuestros días. En el diálogo dedicado a las leyes, Platón pide que se deje tranquilos a los filósofos con ese tema, ya que la paz "no es más que una palabra", y afirma que en la práctica ésta sólo sirve para preparar la guerra, que él concibe como "la norma institucional de la vida de la *polis*". Esto mismo, por cierto, recomienda Maquiavelo en *El príncipe*: preparar las guerras en los periodos de paz, y agrega algo que luego, en su futuro que para nosotros ya es pasado reciente, adquiriría una lúcida realidad: la paz no es más que un "temor armado" y una desconfianza recíproca.

Relacionar la paz con la ociosidad, la quietud y la vejez, y la guerra con la audacia, la juventud y la vida, nos muestra hasta qué punto el pasado está lejos de nosotros, y lleva a pensar que, en la época de la filosofía clásica, los periodos de paz se percibían como largos estados de somnolencia para una nación. Como si la historia sólo pudiera manifestarse a través del clamor de las espadas y las lanzas. Nietzsche llega incluso a aseverar que "la paz, esa interrupción excepcional y pasajera de la guerra, es secundaria y anormal. El hombre está por su naturaleza destinado a sólo querer la paz en raras ocasiones y por breves periodos"[49].

Una de las más antiguas y conocidas definiciones de paz es de Cicerón: "La paz es la libertad en la tranquilidad", dos conceptos en los que se une lo objetivo con lo subjetivo, y que más adelante retomaría Leibniz, pero agregando un matiz: "La paz es la tranquilidad en el orden", entendiendo el orden como una suprema armonía que se opone al caos

---

49 Ibíd., p. 73.

del cual deriva y del que es parte la guerra, y teniendo como premisa que el mal es consecuencia del uso incorrecto de la libertad. Por eso Dios tolera el mal y por eso el mundo "no puede ser mejor de lo que es". Para el optimista Leibniz —su optimismo lo llevó a querer reconciliar las iglesias, ¡el protestantismo y el catolicismo!—, el mal siempre engendra, en la economía de las acciones humanas, mayor bien. De ahí su noción de "armonía preestablecida", de la que surge su convencimiento de que este es "el mejor de los mundos posibles". Voltaire hace en el *Cándido*, un siglo después, una parodia de esta idea.

En el mismo sentido del orden, Thomas Hobbes definió la paz como la "cesación del conflicto universal entre los hombres", para lo cual son fundamentales las leyes de la república. "Esforzarse por la paz —dice Hobbes en *Leviatán*— es la ley fundamental de la naturaleza"[50], pero precisa, como Kant, que la violencia "es inherente a la humanidad" y que ésta quedaría "reducida exclusivamente a la guerra sin las reglas dadas por el derecho". Este es el punto para Hobbes: según su doctrina, por fuera del Estado (de la "cosa pública", el *statum civitatis*), el individuo podría experimentar los goces de la perfecta libertad, pero se apresura a decir que esa libertad no le hace ningún bien al hombre. Con el Estado, en cambio, "cada ciudadano conserva tanta libertad como necesita para vivir bien y en paz", porque la ley lo priva de ese nocivo excedente que lo llevaría al caos; lo aleja de esa libertad total que tal vez lo lance en brazos de la barbarie. Porque para Hobbes, "fuera de la república y

---

50 Thomas Hobbes. *Leviatán*. París: Sirey, 1971, p. 156.

sus reglas estrictas están el imperio de las pasiones, la guerra, el temor, la pobreza, la maldad, la soledad, la barbarie, la ignorancia, el salvajismo; dentro de la cosa pública, en cambio, están el imperio de la razón, la paz, la seguridad, la riqueza, el esplendor, la sociedad, el buen gusto, las ciencias y la buena voluntad"[51].

Y aquí de nuevo Kant —en su libro *La paz perpetua*—, quien refuerza esta idea de orden, de sujeción a un principio racional para poner en relación la paz con la propia seguridad dentro de un Estado. La única guerra justa, nos dice, es la que se hace para obligar a los hombres a ingresar a la civilización y a abandonar el estado permanente de guerra, aunque advierte que "la falta de hostilidad no significa aún seguridad, y si ésta no está garantizada por un vecino a otro (lo que sólo puede suceder en un Estado legal), éste puede tratar como enemigo al que haya requerido en vano tal garantía". Es decir, de nuevo el respeto a las reglas.

En este sentido, cabe pensar también que la paz debe ser sostenible en el tiempo, o al menos en una franja de tiempo lo suficientemente larga como para que un colectivo humano pueda recargarla o regenerarla sin necesidad de acudir de nuevo a la guerra. Por eso la armazón conceptual —el castillo de naipes— que una civilización erige para alcanzarla debe asegurar también su permanencia. De lo contrario, la conflagración que la propició no habrá servido de nada.

Tal vez el más vistoso ejemplo de una paz frágil y no sostenible, en el siglo XX, fue la paz de Versalles con que

---

51 J.M. Coetzee. *Diario de un mal año*. Barcelona: Editorial Debolsillo, 2009,
    p. 11. Las citas de Hobbes provienen de *Leviatán*.

culminó la Primera Guerra Mundial, que con todo y sus diez millones de muertos sólo alcanzó para un lánguido periodo de poco más de veinte años sin hostilidades. Pero es que sus términos fueron tan crueles y humillantes para Alemania en lo económico, en lo psicológico y especialmente en lo territorial —dejando minorías alemanas en Polonia y Lituania con gobiernos nada amigables— que el periodo pacífico al que dio paso fue un tormentoso espacio de tiempo sin disparos de cañón ni *toques a degüello*, sí, pero dominado por el odio, el resentimiento y el deseo de revancha, puede incluso que con más pasión y violencia contenida que durante el tiempo de la propia guerra, de la que muchos alemanes sintieron nostalgia, y por eso cuando Hitler encontró el discurso para canalizar ese resentimiento todos lo siguieron.

Hannah Arendt asegura que eso mismo ocurrió después de la Segunda Guerra Mundial, a la que no siguió un periodo de paz sino ese estado de calma chicha llamado "guerra fría", en el que las superpotencias mundiales se dieron a la tarea de dotarse de un "complejo militar-industrial-obrero"[52] descomunal, y dice que lo que aseguró la paz fue la convicción de la destrucción mutua en caso de conflicto, eso que se llamó "armamento disuasorio".

---

52 Al respecto Coetzee opina, aunque sin aportar pruebas: "Durante la guerra fría hubo momentos en que los rusos quedaron tan por detrás de los norteamericanos en tecnología armamentística que, de haber estallado una guerra nuclear total, habrían sido aniquilados sin que apenas hubieran tenido oportunidad de contraatacar. Durante tales periodos el término 'mutua' en 'destrucción mutua asegurada' fue realmente una ficción" (*Diario de un mal año*).

2. La paz y la "no violencia"

Sería insólito no mencionar a Gandhi en un libro que trata sobre la paz. Durante el tiempo que viví en la India, una de las cosas que me llamaron la atención fue la escasa importancia que se le da allá al Premio Nobel de la Paz, precisamente por el hecho de que nunca se le concediera a Gandhi. Y no es para menos. La explicación que se suele escuchar en boca de ellos es que la academia sueca no quiso contrariar a Inglaterra antes de la Segunda Guerra Mundial, y luego asesinaron a Gandhi, apenas seis meses después de la independencia de su país, que fue, recordemos, el 15 de agosto de 1947.

—Si no se lo dieron al Mahatma, el único líder pacífico del siglo XX, ¿qué valor puede tener para nosotros ese premio europeo? —solían decir.

Lo curioso, e incluso contradictorio, es que el *mandamiento* —como lo llamaba él— de la no violencia es sobre todo una estrategia de combate, una forma atípica de lucha contra el poder opresor que contradice las formas de guerra de la cultura occidental. Para encontrar algo parecido habría que ir a esos versículos del Evangelio de San Mateo en los que Jesucristo dice: "Oyeron que se les dijo: 'Ojo por ojo y diente por diente'. Pero yo les digo: 'No resistan al que es malo; antes, a cualquiera que los hiera en la mejilla derecha, pónganle también la izquierda; y al que quiera quitarles la túnica, entréguenle también la capa; y a cualquiera que los obligue a llevar su carga por una milla, llévenla con él dos'".

Estas palabras no tienen antecedente alguno en la región donde se profirieron —la Judea bíblica— y son una de las pruebas a favor de la tesis de que Jesús estuvo en el norte de la India, en la región de Cachemira, en contacto con comunidades budistas, donde estas ideas sí eran comunes y formaban parte de una doctrina[53].

La no violencia proferida por Gandhi es una fuerza que emana del alma y que permite alcanzar la paz, ateniéndose a una regla de conducta que asegura el respeto por la dignidad humana y, por eso mismo, contribuye a la felicidad universal; ésta presupone una resistencia pasiva al poder —cuando es violento, irrazonable, infrapolítico e infrahumano, en sus palabras— y que consiste en no colaborar con su sistema de ningún modo, en rechazar todo lo que proviene de él, incluso la comida. Asimismo, pide tener en lo personal una actitud de ascetismo permanente: ningún privilegio, mucho ayuno y oración en soledad. Es una especie de lucha viviente entre el bien y el mal, donde la no violencia es la estrategia del bien, pues Gandhi creía en la disposición natural del hombre hacia el amor. Según escribió en su autobiografía, ese es el medio más inofensivo y eficaz para obtener derechos políticos y económicos que beneficien a la gente que se encuentra oprimida y explotada.

La paz a la que aspiraba Gandhi por intermedio de su sistema era nada menos que la paz universal, una suerte de Arcadia en la que los individuos, dirigidos hacia el bien por el amor, vivirían en sociedades libres y justas que, por

---

53 Existe incluso una tumba de Jesús, con las huellas de sus pies heridos por los clavos de la crucifixión. La teoría no comprobada asegura que al resucitar regresó a Cachemira y allí vivió hasta su muerte con una comunidad budista.

serlo, no tendrían ninguna necesidad de recurrir a la guerra. Gandhi sí creía en la disposición natural del hombre a la paz y la no violencia, pero decía que éste se encontraba herido y contaminado por la sociedad violenta. A través de la vida ascética, el individuo recuperaría el camino del amor y las sociedades podrían a su vez, en consecuencia, recuperar la sensatez. La suprema libertad, para él, consistía en liberarse del deseo de venganza. Si los males que se oponen a la felicidad son comunes a todos los seres humanos, ¿qué sentido tiene que una parte de la humanidad se lance en contra de otra?

Con estas ideas logró la independencia de su país pero no la paz en su país, que de inmediato, tras la partición, se lanzó a una guerra religiosa y territorial que dejó quince millones de desplazados y cerca de un millón de muertos, entre ellos el propio Gandhi, asesinado en su casa. Algo parecido a lo que le pasó a Condorcet. Al parecer, quienes creen en la bondad natural del ser humano acaban destruidos por él.

3. La paz como beatitud y servilismo

La misma paz universal a la que aspiró Gandhi, pero en el pensamiento medieval de San Agustín, se superpone y ramifica en una multiplicidad de niveles: la paz política de la ciudad, la paz cosmológica del universo, la paz teológica de los hombres con Dios. Esta última, la paz con Dios, resulta ser una de las más difíciles de lograr, pues a juzgar por la Biblia, Dios se opone a la paz humana. Por eso, San Agustín afirma que las guerras activan el principio de división entre los hombres y de ese modo son el medio para lograr la paz (con Dios).

Para demostrarlo, cita unos versículos del Evangelio según San Mateo, allí donde Jesús dice estas terroríficas palabras: "No penséis que he venido a traer paz a la tierra. No he venido a traer la paz, sino la espada. He venido a enfrentar al hombre con su padre, a la hija con su madre, a la nuera con su suegra; y enemigos de cada cual son los de su casa. El que ama a su padre o a su madre más que a mí no es digno de mí; el que ama a su hijo o a su hija más que a mí no es digno de mí. El que no toma su cruz y me sigue detrás no es digno de mí"[54]. La idea de San Agustín es que Jesús divide a los hombres y los enfrenta para que se entreguen más decididamente a él, donde hallarán la anhelada paz. La paz teológica. El hombre que sea capaz de elevarse sobre sí mismo encontrará el camino de la divinidad, pero la última etapa de esa contemplación ya no es alcanzable en la tierra, en la vida. Hay que morir para llegar a ella, y además se debe merecer, es necesario conquistarla. En sus *Confesiones*, nos dice: "Odiar la paz es desconocer a Dios. Ser devorado por el amor si el objeto de ese amor no es Dios es entrar en la ronda de la guerra. El pecado nace del rechazo a la verdadera paz. El hombre ávido que no ama, pero que ama amar, es incapaz de paz"[55].

En cuanto a la paz política, San Agustín considera que si ésta es sincera y pura es un bien infinito, pero en el interior de una ciudad debe estar sujeta al orden y al respeto de las jerarquías. "No hay nada peor para una ciudad (la *Ciudad de Dios*) o para un hogar que la sedición. En cualquier caso la

---

54 Evangelio según San Mateo, X, 34.

55 San Agustín, *Les Confessions*, I, Points-Sagesses, 1994, p. 18.

paz es el mayor bien, y la guerra, que convierte al hombre en un extraño para el propio hombre, es el peor de los males"[56].

En esto sugiere algo que es muy caro a la Iglesia tradicional, en cualquier sociedad, y es el valor del inmovilismo, la sujeción a las jerarquías y a la subordinación social. En este contexto, la paz sería el resultado de la aceptación acrítica de un sistema, sea justo o injusto; de dejar las cosas como están, de bajar la cabeza y tolerar, pasivamente, la vida que llevamos. Pretender sublevarse y aspirar a un cambio es abrir paso a la posibilidad de la guerra, pues significa poner en peligro los valores inamovibles y tradicionales. Es, de algún modo, la paz que emerge del servilismo y la inacción. Una suerte de pacifismo servil.

4. El pacifismo

El pacifismo nace de la idea de que es posible mantener la paz entre las naciones si éstas, de manera conjunta y concordada, aceptan seguir una serie de reglas que prohíban recurrir a la guerra, la cual se transforma entonces en ilegal, excepto cuando tiene como fin el restablecimiento de la propia paz. Para lograr esto los estados deben reconocer el "derecho de gentes" (o derecho natural internacional, de Hugo Grocio[57]) a sus ciudadanos, un *statu quo* jurídico que sea respetado por todos, la condena común de la guerra, la

---

56 San Agustín, *La Cité de Dieu*, XIX, chap. V, p. 112.

57 La norma no escrita que regula las relaciones entre los ciudadanos de diferentes estados promulgada por Hugo Grocio, jurista holandés (1583-1645).

sacralización de los tratados de paz y el respeto a la neutralidad. En suma: es necesario que exista un instrumento técnico que no sea sólo ético sino jurídico, y que todos los estados que formen parte del pacto lo incorporen a su legislación, en el entendido de que cualquier violación a éste pone en peligro a toda la sociedad humana.

Es curioso ver cómo ya desde el siglo XVII juristas como Hugo Grocio pensaran en la necesidad de que las sociedades se dotaran de principios inamovibles que les permitieran mantener el orden, en épocas en que aún la todopoderosa guerra dominaba la escena europea; era normal entre reinos, casi su savia y su llovizna, y cuando ya las obras de Shakespeare, con su dramático retrato del alma humana, llenaban el imaginario de venganzas, traición, ambiciones y celos, los cuales conducían casi siempre a la muerte.

Claro que las ideas de Grocio estaban, en cierta forma, muy impregnadas del espíritu de su época, pues a pesar de hablar de derechos jurídicos afirma que éstos provienen de Dios al estar basados en la naturaleza, y que el hombre, en su pequeñez, no cuenta con la potestad para cambiarlos. También reconoce el poder del rey y su derecho divino, por emanar de Dios, el cual, a pesar de su noble origen, no debe oponerse al derecho humano.

Dando un salto en el tiempo, el filósofo alemán Max Scheler, en una conferencia de 1927 sobre el tema, estudia históricamente todos los matices del pacifismo y lo divide en ocho formas diferentes, comentadas años después por el filósofo Raymond Aron en su libro *Paix et guerre entre les nations*[58].

---

58 Raymond Aron. *Paix et guerre entre les nations*. Calmann-Lévy, 1984, p. 693.

Estos son los ocho tipos, según Scheler:

- *El pacifismo heroico e individual* de quienes se oponen por principio a la violencia y aplican la "no resistencia" a la agresión, en la línea de Gandhi, o de quienes rechazan el servicio militar y el uso de armas por razones de conciencia o invocando motivos religiosos.
- *El pacifismo cristiano* (semipacifismo), fundado en parte sobre el dogma cristiano (San Agustín) y en parte en la moral y el derecho natural.
- *El pacifismo del liberalismo económico,* un curioso pacifismo utilitario que promulga la idea de la libertad de intercambios comerciales y económicos, teorizado sobre todo por Herbert Spencer.
- *El pacifismo jurídico,* que se basa en el derecho natural y el derecho de gentes, para dar paso al derecho internacional, cuyo objetivo es el desarme mundial tanto sobre la tierra como sobre el mar (y supongo que en el espacio), y del que han hablado tanto Grocio como Kant, en su texto *La paz perpetua.*
- *El semipacifismo del comunismo y del socialismo marxista,* el cual busca instituir la paz perpetua al crear una sociedad sin clases sociales y una dictadura del proletariado.
- *El pacifismo de hegemonía imperialista,* que es el que cualquier imperio pretende instaurar en los terrenos que conquista, una suerte de paz armada.
- *El pacifismo internacional de clase en la gran burguesía capitalista,* que surge de la necesidad de mantener una paz para evitar que cualquier desequilibrio les perjudique en lo económico.

- *El pacifismo cultural*, una vieja idea que se remonta a los filósofos estoicos y que busca producir la paz como resultado de un acuerdo entre las élites espirituales y cultas de un país.

En sus comentarios a Scheler, Raymond Aron los divide en dos grupos: en el primero, los que no tienen una teoría de las causas ni una doctrina de la paz específica, como los pacifismos de la "no violencia", las religiones y la cultura, donde la acción pacífica puede ser individual, una actitud ante la vida de una persona o de un grupo, y en el segundo, los que sí se basan en una teoría para instaurar la paz y en una lectura de las causas de la guerra con las que pretenden construir un estado de paz perpetua o lo más longeva posible desde un poder (económico o político). En este último, además, Aron ve de nuevo dos tendencias: los que aspiran a la paz por el derecho o los acuerdos (los juristas, los capitalistas y burgueses) y los que la buscan a través de una concepción del Estado (los marxistas, los imperiales).

La gran diferencia que muestran estos tipos de pacifismo está también en el interés y en lo que se espera obtener de la paz. Si para los partidarios de la no violencia, la cultura y las religiones, e incluso para los juristas, la paz tiene un valor en sí y significa sólo lo que es, para los otros su valor se sitúa en su posibilidad: en el estado de cosas que permite y en el mantenimiento de una armonía que puede ir desde lo económico hasta lo político.

En términos puramente utópicos y teóricos, señala Aron, tal vez el pacifismo más completo sea el que pretende instaurar el marxismo-leninismo en los estados, pues lo que busca es la cesación total de los conflictos económicos que producen desigualdad entre los seres humanos, en aras de una sociedad reconciliada. No busca obtener ganancias con la paz, como en los esquemas capitalistas o burgueses, ni el mantenimiento de unos privilegios para una clase, como en la paz *imperial*, sino la subversión completa del mundo para una forma nueva de convivencia, ya no basada en la producción de capital.

Pero Aron, uno de los más lúcidos críticos del marxismo, tampoco se engaña y se apresura a manifestar sus dudas en la aplicación de estas ideas a la realidad. ¿Es creíble que si a todos los estados de la Tierra los gobernara el marxismo-leninismo, se procedería al desarme universal? ¿Es creíble que ninguno de esos estados guardaría la posibilidad de imponerse por la fuerza a otro? ¿Es realmente posible prever en una teoría política todas las causas futuras de enfrentamiento entre estados? La historia del socialismo real, por lo demás, está ahí para demostrar que las armas no sólo fueron necesarias para contrarrestar un hipotético ataque de potencias capitalistas, sino las más de las veces para mantener en el redil a su propia población en fuga o a los países de su área de influencia que quisieron explorar otras opciones políticas.

De las formas enunciadas por Scheler, el mundo posterior a 1945 vio cómo se instituyó el pacifismo de tipo jurídico, una jurisprudencia internacional por intermedio de la ONU en contra de la guerra que, de cualquier modo y con el tiempo, ha mostrado también sus carencias y se ha hecho pedazos cuando las fuerzas *imperiales* se empeñan en legalizar a toda costa una acción de guerra, como pasó con Estados Unidos en Irak, o incluso, aunque sin disparar un solo cañón pero sí amedrentando con su fuerza, con Rusia en Crimea; en Europa, en cambio, este pacifismo legal sí ha dado resultados muy valiosos al ser adoptado e incorporado por un muy vasto sistema de países, motivo por el cual, en el horizonte lejano, no parece haber peligro de nuevas conflagraciones.

Quedan también las iniciativas no estatales, las cuales siguen creyendo que la paz perpetua y el desarme mundial tal vez nunca podrán alcanzarse, pero se esfuerzan en mantener sus campañas educativas y en desplegar toda una acción cultural y civilizadora en contra de la guerra que poco a poco va calando en la mente y, cada día, influencia más el devenir de las sociedades. Estas acciones pedagógicas hacen que, cada día más, recurrir a la fuerza sea mal visto, incluso que se perciba como una derrota o una abdicación de ciertos principios. La lista de los diversos tipos de pacifismo hecha por Scheler muestra también cómo la paz es una dinámica hacia la que tienden acciones simultáneas, sobrepuestas y a veces no coordinadas, pero sí conscientes de que ese sea el fin último.

En suma: la civilización construye y refuerza el dique, en periodos de paz, para hacer que éste sea cada vez más duradero. Incluso la noción del *pacifismo capitalista* también sigue vigente en la convicción de que la paz es el momento humano del trabajo y la producción, mientras que la guerra es el momento del gasto (a veces del despilfarro). La dinámica entre producción y gasto, en estos términos, puede también definir el progreso de un pueblo.

5. *Pax europea*

A pesar de su dureza, es innegable que tras las últimas dos violentas guerras del siglo xx Europa logró crear, finalmente y a un costo elevadísimo, una atmósfera de convivencia para su población, sin excluir a ningún sector. Una sociedad pacificada desde el punto de vista del *pacifismo jurídico*, del *cultural* y de algún modo también del *económico*, que en el 2012, por cierto, recibió el Premio Nobel de la Paz (la Unión Europea), precisamente por sus esfuerzos en el mantenimiento y la sostenibilidad de ese estado pacífico durante un periodo que ya dura más de sesenta años, y que a pesar de haber tenido sus altibajos no se puede decir que haya sido interrumpido un solo día. En el discurso de aceptación del premio, puede leerse:

"La guerra es tan vieja como Europa y ha dejado en nuestro continente, amén de muchas otras, cicatrices de lanzas y espadas, de cañones y fusiles, de trincheras y tanques.

"La tragedia que conlleva la guerra resonaba ya en las palabras que Herodoto pronunció hace veinticinco siglos: 'En tiempos de paz los hijos entierran a los padres, mientras que en tiempos de guerra son los padres los que dan sepultura a los hijos'.

"Sin embargo, después de que el continente, y con él el mundo, se vieran sumidos en dos guerras terribles, por fin una paz duradera se instaló en Europa.

"En aquellos lúgubres días, sus ciudades estaban en ruinas y muchos corazones aún rezumaban resentimiento y dolor. Qué difícil parecía entonces, como dijo Winston Churchill, 'recuperar las sencillas alegrías y esperanzas que hacen que la vida merezca la pena'"[59].

Si hay algo ejemplar en esta *pax europea* es haber entendido que el mejor anticuerpo para que la sociedad no implosione es que todos sus sectores, desde los poderosos hasta los marginales, tengan representación y voz política, incluso aquellos que son contrarios a la propia democracia, en el entendido de que los extremos deben tener su cara legal, una dirección y una vocería concreta, con una dirección y un teléfono localizables, y que este sentido de pertenencia al sistema ha sido el modo más eficaz para evitar que caigan en la tentación de la violencia, cada una a su modo: la extrema izquierda con su vocación subversiva y la ultraderecha con la conspirativa.

En la construcción europea de esta paz social —y subrayo de nuevo la palabra "construcción", puesto que no brota espontáneamente en medio del campo, y por eso hay premios de la paz— han sido claves también el laicismo y la libertad de cultos, pues la experiencia ha demostrado que la religión, cuando pretende imponer su código de comportamiento por encima de las leyes civiles, se transforma en uno de los factores más conflictivos para una sociedad.

---

59 Discurso de aceptación del Premio Nobel de la Paz a la Unión Europea, a cargo de Herman van Rompuy, presidente del Consejo Europeo, y José Manuel Durão Barroso, presidente de la Comisión Europea.

Entender esto es fundamental para las jóvenes democracias, caso de Colombia.

Si bien la religión contribuyó al progreso del ser humano al haber establecido un sistema moral y una ética, "haciendo prevalecer un sistema metafórico sobre el imaginario de una cultura" —en términos de Lezama Lima— y acostumbrándolo, desde muy antiguo, a algo tan elemental como respetar leyes (órdenes) sin que nadie le ponga una espada en el cuello, también es cierto que su alabanza del quietismo ideológico, su defensa de valores sociales reaccionarios y la justificación de su dogma a través de premisas que, precisamente por provenir de la fe, no resisten el menor examen de la razón, pero que para ellos son invariables, la han ido llevando poco a poco a la crisis que vive actualmente. Porque las sociedades dominadas por la religión son estáticas, su tiempo es inmóvil; nada es más refractario al cambio y al debate que las marmóreas doctrinas de la fe, las cuales se caracterizan por tener como base textos ya cerrados, concluidos. A veces sujetos a interpretaciones, sí, pero en su mayoría ya terminados.

En América Latina, este inmovilismo hizo que la Iglesia oficial validara y bendijera dictaduras con sistemas caudillistas —¡siempre católicos!—, y al mismo tiempo silenciara a esa otra Iglesia latinoamericana, la Teología de la Liberación, que en cambio sí buscó adecuar su mensaje y la palabra de Jesús a la realidad, poniéndose del lado de los campesinos, los obreros, la gente humilde. E igual de grave, o puede incluso que más: silenciando a todo el que se opusiera al sistema de "Estado confesional" adoptado por algunos países, caso de Colombia en su Constitución de 1886, cuyo preámbulo comienza con las siguientes palabras: "En nombre de Dios, fuente suprema de toda autoridad...", y que proclamaba a la religión católica como la religión oficial del Estado.

Por eso en Europa la victoria del laicismo resultó ser uno de los principales pilares de la paz, pues incorporó a su sistema de vida algo bastante razonable y es que el mundo espiritual, que pertenece a la esfera de lo privado y puede incluso que de lo colectivo, no debe jamás mezclarse con lo público, y por eso la única obligación del Estado es asegurar que todos los credos profesados por sus ciudadanos cuenten con espacios correctos y gocen de plena libertad y derechos para ser ejercidos.

Nada más.

El Estado no juzgará con sus leyes lo que se diga dentro de una iglesia, sinagoga, mezquita o equivalentes de otros credos (salvo en casos extremos), y espera de ellas que se abstengan de juzgar al Estado desde sus doctrinas.

Esta lenta victoria del humanismo tiene en la actualidad un aliado inesperado: el triunfo de las ciudades como espacio o hábitat social mayoritario de la era moderna. Según datos recientes, más o menos desde el 2011 la mayoría de la población del planeta vive en ciudades, y si bien las causas son de todo tipo, a veces involuntarias y nada románticas, es un fenómeno comprobable que para bien o para mal eso está cambiando la mentalidad en todos los rincones del globo.

Porque la ciudad, por oposición al mundo rural, es el espacio de las ideas nuevas, del contraste con lo diverso y su aceptación. En la ciudad surgen los debates más ricos e informados, puesto que ofrece a intelectuales, científicos y filósofos la posibilidad de contrastarse a los más altos niveles, y por eso representa mejor la convivencia: no niega lo que es contrario, sino que lo incorpora.

El habitante de una ciudad sabe que el espacio urbano es una suerte de altamar donde vive la absoluta alteridad, ese *otro* misterioso, y que conquistarla significa aprender a tolerar la existencia de lo que no nos gusta e incluso de lo que odiamos, ya que, a diferencia del pequeño pueblo o la vereda, donde todos son iguales —cultural, religiosa y racialmente— y a menudo parientes, en la ciudad se convive con desconocidos que provienen no sólo de lejanas regiones del país, sino también de otros países; gente que cree en otros dioses, se viste distinto, se divierte de otro modo; que representa y trae consigo otros mundos. Quien vive en una ciudad se acostumbra a esta dinámica y su conocimiento del vasto universo empieza en su propia cuadra.

El hombre de provincia que llega a la gran ciudad, al principio, se ve superado y probablemente agredido. Y suele rechazarla. Siente inseguridad, puesto que sus costumbres y hábitos, en ese nuevo contexto, lucen anticuados, sin ese *appeal* que en las ciudades suele ser norma por ser centro de modas y tendencias. Ese joven, que Balzac describió como "limpio de corazón, recién llegado de provincia", pierde los puntos de referencia y cree que su identidad está amenazada, hasta que poco a poco la ciudad lo incorpora; entonces ese joven se transforma, cambia de piel y vuelve a nacer como un ciudadano más de la gran ciudad. Cae por ese *maelström* que anunció Rousseau al decir, teñido de desconfianza, que "las ciudades son el abismo de la especie humana".

Pero es precisamente esto, el hecho de que cada vez más gente viva en ciudades, lo que prestigia y hace aceptable la convivencia multicultural y multiconfesional, dejando atrás los ideales de pureza y coherencia de la lejana provincia donde el inmovilismo prevalece sobre la dinámica urbana. Esta oposición no implica un juicio de valor, porque el inmovilismo del campo protege otro patrimonio invaluable: el de las raíces, el de la tradición. La centenaria monja de la película *La gran belleza*, de Paolo Sorrentino, le dice al protagonista —ese frívolo y extraordinario escritor perdido en la rutina de la nadería social— una frase muy sabia y sencilla: "¿Sabe por qué sólo como sopa de raíces? Porque las raíces son importantes".

En el inmovilismo del campo, el púlpito es a veces más temible que el estrado judicial, pero en las ciudades este poder se ha desvanecido. Inmersa en un espacio urbano estrepitoso y múltiple, a la religión le pasa lo que al edificio de la iglesia: se convierte en una más de las casas del barrio. Y es apenas lógico que en este contexto su influencia sea cada vez menor.

6. La guerra y la paz en la ciudad

Ahora bien, es un hecho que, tras la paz entre estados y superpotencias, el nuevo escenario al que se mudaron la guerra y la paz es la ciudad.

En los periodos pacíficos, las urbes más grandes albergan en su interior el espíritu de la guerra expresado en pequeños clanes, mafias locales y de barrio que se enfrentan por el poder de ciertas zonas. Las ciudades, en su interior, casi nunca están en paz; al ser un pequeño microcosmos, la lucha entre el bien y el mal prosigue cada minuto del día y de la noche. Y por su carácter saturnal, de gigantesca diosa que devora a sus hijos, las ciudades más grandes contienen también todas las épocas, desde la prehistoria hasta el siglo xxv. Hay en ellas grupos que viven con menos de un dólar al día, como en Nueva Delhi o Dakar —lo que hacía exclamar a los capitalistas de la pobreza: "¿Sólo un dólar? ¡Vamos por ese dólar!"—, pero que, a diferencia del Jean Valjean de *Los miserables*, no tienen la menor pulsión para intentar cambiar su destino, ya que su religión les ha enseñado que su miseria es responsabilidad y asunto suyo; en esas populosas ciudades indostánicas, pero también en Bogotá o México, D.F., es posible encontrar seres humanos que parecen emergidos de la Edad de Piedra, cubiertos con pieles, la piel tiznada y el pelo y las barbas largas y sucias, que andan por las calles buscando un mendrugo de pan o un hueso con algo de nervio, y en cuyos ojos alocados parece estar aún la imagen del bisonte que acaban de matar.

En esas mismas urbes se dan cita increíbles paradojas: están el futuro y la modernidad, con sus sistemas pensionales y la cobertura social, y también el desamparo medieval y la muerte de los que no pueden pagarse un antibiótico; el mendigo descalzo y zarrapastroso se encuentra en un semáforo con el conductor de un Ferrari de última gama, como en Nueva Delhi, y se miran apaciblemente: el uno sin odio, el otro sin conmoverse; en estas ciudades está todo y su contrario, de ahí que sean también gigantescos laboratorios vivientes en los que se gestan todas las posibles versiones y metamorfosis del alma humana.

Por eso la guerra y la paz habitan simultáneamente en ellas. Ahí están esas hordas de jóvenes con chaquetones y capuchas, con la cara cubierta por bufandas o pasamontañas que salen de los suburbios de París en ciertas noches y se encaminan en grupos al luminoso centro a destruir vitrinas y quemar carros, a golpearse con la policía, incendiar contenedores de basura y doblar o cubrir con *spray* señales de tráfico. En las noches más álgidas se ha llegado a contabilizar cinco mil carros quemados. Para su control, la policía ha debido crear unos grupos antidisturbios que salen preparados como para luchar contra invasores de otro planeta[60], y más de una vez han tenido que replegarse, recoger heridos y pedir refuerzos, como en cualquier batalla.

¿Y quiénes son esos jóvenes? Son los *banlieusards*, jóvenes franceses hijos de inmigrantes norafricanos, en algún caso, o de inmigrantes de regiones deprimidas, que viven en los suburbios de la ciudad y expresan su malestar social y su marginalidad mediante este tipo de ataques, y lo paradójico es que son muchachos que tienen educación básica, pues allá es gratuita, y cobertura social, pero lo que no tienen son oportunidades, trabajo, incentivos. No tienen algo en qué reconocerse. Muchos están metidos en drogas, son vándalos porque su infancia ha sido cruel, la vida les ha dado duro y ellos responden con el puño en alto y apretando los dientes. Sienten odio. Esto se ve en Inglaterra, en Alemania, en sociedades pacificadas y prósperas. Es lo que Enzensberger llama la "guerra civil molecular", ese brote de violencia que opone a gente de un mismo grupo y que, a menudo,

---

60 En el fondo lo son.

no tiene justificación distinta de la propia destrucción o autodestrucción. Dice Enzensberger:

"Localizamos las guerras, preferiblemente en el tercer mundo. Hablamos de subdesarrollo, crecimiento a dos velocidades, fundamentalismo. Creemos que los para nosotros inexplicables combates se desarrollan en las antípodas. He aquí el error, el autoengaño. Porque, de hecho, la guerra civil ya está presente en las metrópolis. Sus metástasis forman parte de la vida cotidiana de las grandes urbes, pero no sólo en Lima o Johannesburgo, en Bombay o Río, sino también en París y Berlín, en Detroit y Birmingham, en Milán y Hamburgo. Y sus dirigentes no son únicamente terroristas y servicios secretos, mafiosos y *skinheads*, traficantes de drogas y escuadrones de la muerte, neonazis y *sheriffs* negros, incendiarios, locos homicidas y asesinos en serie. Al igual que en las guerras africanas, estos mutantes son cada vez más jóvenes. Nos estamos engañando a nosotros mismos cuando creemos que está imperando la paz, sólo porque todavía podemos salir a comprar el pan sin que nos acribille un tirador emboscado". Y continúa diciendo: "La guerra civil no procede de fuera, no es un virus importado; se trata de un proceso endógeno. Siempre lo inicia una minoría; probablemente baste con que sólo uno de cada cien lo quiera para que resulte imposible cualquier convivencia civilizada"[61].

---

61 Hans Magnus Enzensberger. *Perspectivas de guerra civil*. Ed. Anagrama, 1994. pp. 18-19.

La gran ciudad, la megalópolis del siglo xxi a cualquier escala, es el nuevo espacio de confrontación y capitulación de estas modernas guerras civiles. ¿Cuántas pandillas atraviesan Bogotá en la noche buscando no sólo armas, drogas, plata, diversión, alcohol o mujeres, sino también en dónde aliviar su rencor, la sensación de haber sido humillados, de estar varados en un tiempo muerto, de que a nadie le importe lo que han sufrido[62], y a la vez su necesidad de marcar la impronta de su paso por tal o cual barrio? Quieren ser reconocidos y a la vez mostrar su fuerza. Son hegelianos. Cioran dice que en los límites de la civilización el hombre "siente la nostalgia de la barbarie", sí, pero a diferencia de los europeos muchos de estos jóvenes o adultos adolescentarios han tenido un muy leve paso por centros de formación, colegios o escuelas. Su grado de civilización ha sido discreto y seguramente mediocre, pero no es esto lo que explica su violencia. ¿Es la pobreza? Puede que unos billetes en el bolsillo les sean necesarios, pero si los consiguen lo más seguro es que al final de la noche ya no los tengan. En el fondo, buscan un motivo para ejercer su profunda infelicidad, lo que probablemente los lleva a una doble necesidad de destruir y ser destruidos. Ellos son la prueba de que el mal no es algo que está allá afuera. No. El mal está en el interior. Creció en las entrañas de la sociedad. No hay un *allá* de malos y un *acá* de buenos. No.

Uno de los documentos más aterradores sobre estos "ejércitos de la noche" es una entrevista al gánster brasileño

---

62 Peor que sufrir es que a nadie le importe que uno sufra.

Marcos Camacho, realizada en la cárcel de Río. Cuando se le pregunta por el miedo a la muerte, responde:

"Ustedes son los que tienen miedo de morir, yo no. Mejor dicho, aquí en la cárcel ustedes no pueden entrar y matarme, pero yo puedo mandar matarlos a ustedes allí afuera. Nosotros somos hombres bomba. En las villas miseria hay cien mil hombres bomba. Estamos en el centro de lo insoluble mismo. Ustedes en el bien y el mal y, en medio, la frontera de la muerte, la única frontera. Ya somos una nueva 'especie', ya somos otros bichos, diferentes a ustedes. La muerte para ustedes es un drama cristiano en una cama, por un ataque al corazón. La muerte para nosotros es la comida diaria, tirados en una fosa común. ¿Ustedes intelectuales no hablan de lucha de clases, de ser marginal, ser héroe? Entonces, ¡llegamos nosotros! ¡Ja, ja, ja…! Yo leo mucho; leí tres mil libros y leo al Dante, pero mis soldados son extrañas anomalías del desarrollo torcido de este país. No hay más proletarios, o infelices, o explotados. Hay una tercera cosa creciendo allí afuera, cultivada en el barro, educándose en el más absoluto analfabetismo, diplomándose en las cárceles, como un monstruo Alien escondido en los rincones de la ciudad. Ya surgió un nuevo lenguaje. ¿Ustedes no escuchan las grabaciones hechas 'con autorización' de la justicia? Es eso. Es otra lengua. Están delante de una especie de posmiseria. Eso. La posmiseria genera una nueva cultura asesina, ayudada por la tecnología, satélites, celulares, internet, armas modernas. Es la mierda con chips, con *megabytes*.

Mis comandados son una mutación de la especie social. Son hongos de un gran error sucio".

7. *Experimentos con la paz: Camboya*

Uno de los testimonios más duros sobre la pérdida absoluta del valor de la vida es el libro *La eliminación*[63], del cineasta camboyano Rithy Panh, en el que cuenta su experiencia al entrevistar, pasados treinta años del régimen de Pol Pot, a uno de los responsables de ese brutal genocidio, el cual dejó 1.700.000 muertos entre 1975 y 1979, equivalente a un cuarto de la población del país. Este libro es un complemento a su documental *S21, la máquina de matar de los jemeres rojos*, en el que cuenta historias de uno de los centros de tortura y detención en el que, de niño, fue obligado a trabajar.

"A los trece años —escribió Rithy Panh—, perdí a toda mi familia en pocas semanas. Mi hermano mayor, que se marchó solo a pie hacia nuestra casa de Phnom Penh. Mi cuñado, médico, ejecutado en una cuneta. Mi padre, que decidió no seguir alimentándose. Mi madre, que en el hospital de Mong se echó en la cama donde acababa de morir una de sus hijas. Mis sobrinas y mis sobrinos. Todos ellos barridos por la crueldad y la locura de los jemeres rojos. Me quedé sin familia. Me quedé sin nombre. Me quedé sin rostro. Y fue así como seguí con vida, porque me había quedado sin nada"[64].

El genocidio mediante hambrunas programadas, trabajo forzado y ejecuciones, más la destrucción casi completa del

---

63 Rithy Panh. *La eliminación*. Anagrama, Crónicas, 2013.

64 Ibíd., p. 117.

país y su tejido social, fueron el saldo más vistoso de la así llamada Kampuchea Democrática, nombre que Pol Pot le dio al Estado comunista de Camboya y que duró hasta la invasión de Vietnam, en enero de 1979, momento en que Pol Pot y sus jemeres rojos pasaron a la clandestinidad. A partir de ahí se inició un periodo de luchas antiinvasoras entre una coalición de facciones camboyanas (incluido el monárquico Frente Unido Nacional por una Camboya Independiente, Neutral, Pacífica y Cooperativa, el Funcinpec, del príncipe Norodom Sihanouk, y los mismos jemeres rojos) y el poder vietnamita.

La paz llegó en octubre de 1991 y se firmó en París. Esta paz, que en la práctica supuso para Camboya una nueva independencia, le dio el poder temporal a un Consejo Nacional Supremo formado por autoridades de la ONU y delegados de las distintas facciones. El príncipe Norodom Sihanouk sería el presidente, a la cabeza del Funcinpec, que más tarde ganaría las elecciones de 1993, a las cuales los jemeres rojos no se presentaron, boicoteándolas y regresando a la clandestinidad. Como era de esperarse, el gobierno ratificó de inmediato una nueva Constitución y el Estado adoptó la forma de una monarquía constitucional —como España—, estableciendo de nuevo el Reino de Camboya, con el príncipe Sihanouk como rey.

Sin embargo, el proceso de paz no pudo evitar que la violencia continuara. Por un lado a causa de los jemeres de Pol Pot, que resistieron algunos años más, luego de que su líder muriera en la selva en 1998, y por el otro debido a facciones políticas antimonárquicas. En 1997, el jefe del Partido Popular, Hun Sen, dio un sangriento golpe de

Estado y procedió a exiliar, detener, torturar y, en algunos casos, ejecutar sumariamente a sus oponentes. Desde entonces, aun preservando una fachada democrática, Hun Sen ha gobernado como un autócrata, con escaso respeto por los derechos humanos y recurriendo a la violencia para preservar su posición y la de su partido. Un claro ejemplo de estructuras de gobierno débiles, herencia de cosas tan dispares como el colonialismo, los sistemas feudales asiáticos y la experiencia comunista.

El caso de Camboya, que emergía de un largo proceso de destrucción del Estado de varias décadas, ilustra cómo para que la paz no se desvanezca es necesario algo tan sencillo como que el país exista y funcione: que cuente con instituciones sólidas y, sobre todo, una administración y una democracia fuertes donde los sectores que conforman la sociedad se sientan representados y con oportunidades. Porque la paz no consiste sólo en dejar de disparar, sino en construir con generosidad y sentido colectivo un entorno legal, social y económico; es decir, necesita un Estado pleno y de derecho que la haga posible, que le permita respirar.

8. La paz en El Salvador

El país centroamericano que lleva en su nombre nada menos que el apelativo de Cristo, "Salvador", vivió desde 1980 una sangrienta guerra civil entre la guerrilla del Frente Farabundo Martí de Liberación Nacional (FMLN) y el gobierno militar, la cual causó, según cifras oficiales, 75.000 muertos en diez años, la mayoría población civil inerme, campesinos y sobre todo grupos indígenas. Justamente esa masacre, la de pueblos indígenas, está en una de las novelas más hermosas y aterradoras sobre ese conflicto, *Insensatez*, de Horacio Castellanos Moya.

Así comienza:

"*Yo no estoy completo de la mente*, decía la frase que subrayé con el marcador amarillo, y que hasta pasé en limpio en mi libreta personal, porque no se trataba de cualquier frase, mucho menos de una ocurrencia, de ninguna manera, sino de la frase que más me impactó en la lectura realizada durante mi primer día de trabajo (...). *Yo no estoy completo de la mente*, me repetí, impactado por el grado de perturbación mental en el que había sido hundido ese indígena *kaqchikel* testigo del asesinato de su familia, por el hecho de que ese indígena fuera consciente del quebrantamiento de su aparato psíquico a causa de haber presenciado, herido e impotente, cómo los soldados del ejército de su país despedazaban a machetazos y con sorna a cada uno de sus cuatro pequeños hijos y enseguida arremetían contra su mujer, la pobre ya en *shock* a causa de que también había sido obligada a presenciar cómo los soldados convertían a sus pequeños hijos en palpitantes trozos de carne humana. Nadie puede estar completo de la mente después de haber sobrevivido a semejante experiencia, me dije (...), porque resumía de la manera más compacta el estado mental en que se encontraban las decenas de miles de personas que habían padecido experiencias semejantes a la relatada por el indígena *kaqchikel* y también resumía el estado mental de los miles de soldados y paramilitares que habían destazado con el mayor placer a sus mal llamados compatriotas"[65].

Tal vez por la refinada crueldad de ese conflicto y por sus ramificaciones posibles en otros fue que desde 1983 se empezó a buscar una solución pacífica a través del grupo de Contadora (Colombia, México, Panamá y Venezuela), el cual inició un proceso de consultas regional a los cinco países centroamericanos, y gracias a eso, entre 1984 y 1987, delegados del gobierno y de la guerrilla sostuvieron los primeros diálogos exploratorios. Luego, en 1986, se inició el Proceso de Esquipulas, que unió el trabajo del grupo de Contadora al del grupo de Apoyo (Perú, Argentina, Brasil y Uruguay), con el respaldo de la OEA y de la ONU, y así, a la vista de un tal consenso, los presidentes centroamericanos se convencieron de que había que buscar una salida política negociada.

Y fue lo que se hizo.

Tiempo después, en abril de 1990, se fijaron las normas del proceso de negociación. Los objetivos centrales fueron terminar el conflicto por la vía política, impulsar la democratización del país, garantizar el respeto de los derechos humanos y reunificar a la sociedad salvadoreña. A partir de ahí comenzó un largo proceso para fijar la agenda de negociaciones, la cual estableció dos fases:

---

65 Horacio Castellanos Moya. *Insensatez*. México: Tusquets Editores, página inicial.

1) Acuerdos políticos en diferentes áreas que permitieran el cese del enfrentamiento armado.
2) Garantías y condiciones para la reincorporación del FMLN a la vida civil, institucional y política del país.

También se acordó el compromiso mutuo de respetar los Derechos Humanos y para ello se estableció una misión de verificación de Naciones Unidas (la futura ONUSAL).

Los temas políticos ocuparon la primera fase de las negociaciones, y en abril de 1991, en Ciudad de México, se llegó a un acuerdo sobre temas claves, como la propiedad y el usufructo de la tierra, algo central para el FMLN, más una serie de reformas constitucionales de orden judicial, militar, electoral y de derechos humanos. También se creó la Comisión de la Verdad para investigar los hechos de violencia ocurridos desde 1980 y muy pronto se recibieron más de 22.000 denuncias[66]. En septiembre de ese mismo año hubo una intervención directa del secretario general de la ONU, el peruano Javier Pérez de Cuéllar, quien sentó a las partes para que acordaran un alto el fuego y realizaran las negociaciones finales en la sede en Nueva York, y el 31 de diciembre se llegó a un acuerdo.

De inmediato, en enero de 1992, se proclamó una amnistía general y se firmó el llamado Acuerdo de Paz de Chapultepec, que dio paso a una modificación del ejército

---

66 Incluido el asesinato del arzobispo de San Salvador, Óscar Arnulfo Romero, el 24 de marzo de 1980, después de haberle exigido a Estados Unidos retirar su apoyo militar al régimen salvadoreño y ordenar a la misma Junta el cese de la represión.

salvadoreño (depuración de oficiales implicados en la guerra sucia y reducción de efectivos), a la creación de una policía nacional civil, y a la supresión definitiva de los servicios de inteligencia militar y de los cuerpos paramilitares. Igualmente, se modificó el sistema judicial y electoral y se creó la Comisión de la Verdad. En febrero vinieron el cese del enfrentamiento armado y el inicio de la desmovilización, y en diciembre el FMLN obtuvo su credencial como partido político. Al día siguiente se celebró oficialmente el fin definitivo del conflicto armado.

El proceso salvadoreño, cercano al de su vecina Guatemala, enseña cómo en ciertas ocasiones, esa complicada álgebra conceptual que es la paz requiere el concurso de entidades externas que den confianza a los beligerantes y los animen a seguir: puede tratarse de países amigos, personalidades indudables, pactos regionales e incluso la Organización de las Naciones Unidas, los cuales comprometen mucho más al Estado firmante y al grupo armado y, al tiempo que dan credibilidad, extienden una hipoteca moral que luego deben respetar, so pena de convertirse en un paria.

Evidencia además que debatir sobre temas políticos y económicos no es una abdicación del Estado a su soberanía, sino cosa normal en una negociación de paz entre guerrilla y gobierno, ya que precisamente por esos asuntos nacen las guerrillas. Y también, claro está, la situación jurídica de los desmovilizados, lo cual permite que todo el acuerdo sea posible. Lo más común, en todos los casos, es una amnistía general o parcial que permita seguir adelante. Por eso quienes perciben a las guerrillas como meros grupos terroristas jamás podrán negociar con ellas, y es comprensible que no puedan hacerlo. Si las ven como expresiones tangibles del mal en el mundo, guiadas por intereses exclusivamente mezquinos y adoradoras de la sangre, ¿cómo van a negociar con ellas?, ¿cómo van a estar dispuestos a concederles algo? Es normal. Por eso están condenados a combatirlas eternamente, aun a sabiendas de que el triunfo completo es imposible. Porque en El Salvador de esos años la victoria militar completa de alguno de los bandos era bastante improbable.

9. La paz en Irlanda del Norte

Una de las películas más duras del recientemente premiado director británico Steve McQueen es *Hunger*, del 2008, sobre la huelga de hambre que hicieron los detenidos republicanos irlandeses en 1981 en Irlanda del Norte. En el filme, en el que se respiran la violencia y el odio que llevan a la lucha, hay una de las escenas más extraordinarias del cine reciente, cuando el sacerdote católico, de visita en la cárcel, intenta convencer a Bobby Sands de no hacer la huelga de hambre, pero éste le habla de su infancia, de su padre muerto y de los principios por los que lucha, entre vaharadas de humo de cigarrillo y un contraluz que recuerda a Caravaggio. La seguridad apacible del odio que se ve en la cara de Bobby Sands, interpretado por el genial actor Michael Fassbender, muestra a las claras de lo que se trató esa especie de guerra civil: un conflicto en el que tuvieron que ver la religión y la humillación, el sueño de independencia y la lucha por los derechos civiles, y en el que se recurrió al terrorismo, la conspiración y la guerra de guerrillas.

Fue una larga pelea entre una minoría de republicanos irlandeses católicos y una mayoría de unionistas protestantes,

leales a Londres y apoyados por la policía y los servicios secretos de Gran Bretaña, que duró alrededor de treinta años,
desde finales de la década de los sesenta hasta la firma del
acuerdo de paz del Viernes Santo, el 10 de abril de 1998.

El proceso de paz tomó algo más de una década.

Se inició a finales de los ochenta y lo originó sobre todo el
cansancio que producen en la población las guerras prolon-
gadas, esas que nadie gana ni pierde y que se van quedando
ahí, como extraviadas en el tiempo. Las guerras inútiles. Fue
entonces cuando, en 1987, un político norirlandés, John
Hume, jefe del Partido Laborista y Socialdemócrata (SDLP,
por su sigla en inglés), tuvo la idea de empezar conversaciones
secretas con el gobierno británico, una iniciativa que tres años
después, en 1990, permitió abrir un canal de comunicación
con los dirigentes del Sinn Féin. Como resultado de este
acercamiento, en diciembre de 1993, el gobierno británico
anunció la Declaración de Downing Street, por la que acep-
taba nada menos que el derecho a la autodeterminación de
Irlanda del Norte y se comprometía a facilitar un acuerdo
con la población irlandesa. También aceptó la entrada del
Sinn Féin al diálogo político.

Esto hizo que, un año más tarde, en 1994, el Ejército Re-
publicano Irlandés (IRA, por su sigla en inglés) decretara un
alto el fuego que duró hasta febrero de 2006. El presidente
estadounidense Bill Clinton visitó oficialmente Irlanda del
Norte, lo que supuso un enorme espaldarazo al proceso de
paz, y las cosas siguieron avanzando hasta que en junio de
1996 se iniciaron las negociaciones multipartidistas, al principio sin el Sinn Féin y con la mediación del exsenador de-
mócrata George Mitchell —enviado de Clinton—. En ellas

se estableció el principio del "consenso suficiente", es decir, que las decisiones se tomarían por mayoría simple, siempre y cuando los principales partidos estuvieran en la mesa. La toma de decisiones incluía el denominado "consentimiento paralelo", por el que se requería una mayoría tanto de nacionalistas católicos como de unionistas protestantes, y además se negociaba con el principio de que "nada está acordado hasta que todo esté acordado" —el mismo que se usa para los diálogos de La Habana entre gobierno y FARC—, esto es, que los acuerdos parciales sólo tienen validez cuando se logre el acuerdo global.

En 1997, el IRA hizo una segunda tregua que permitió que el Sinn Féin se incorporara al diálogo multipartito, y en abril de 1998, finalmente, se firmó la paz, llamado Acuerdo de Belfast (o de "Viernes Santo"), que estipulaba una reforma policial y de las instituciones de Irlanda del Norte, la formación de un consejo ministerial británico-irlandés, un consejo ministerial Norte-Sur y una comisión de derechos humanos. Siete años más tarde, en 2005, el IRA renunció a la lucha armada y en el 2007 se inauguró un gobierno compartido de católicos y protestantes. En el 2008 se produjo el desmantelamiento oficial del IRA.

Este proceso de paz ilustra en especial la importancia que en ocasiones adquiere el secreto en los inicios de una negociación de paz tan delicada y que, por su particular historia de odios, levanta enormes sospechas y resquemor en algunos sectores de la sociedad, herida por la guerra. En todos los conflictos hay puristas que pretenden que la población esté informada sobre cada milímetro de lo que se avanza para poder someterlo, a diario, a la lluvia de opiniones contrarias y sus consecuencias, y aunque es universalmente sabido que este argumento suele estar sobre todo en boca de los enemigos de un proceso de paz —precisamente porque saben que la hiperinformación mata o paraliza la negociación—, es importante recordar que la discreción y el secreto son una garantía para quienes están negociando, pues de saberse todas las concesiones parciales que se ven obligados a hacer en aras del objetivo final, es probable que el grupo que representan les retire su confianza. Porque cuando se llega al término, generalmente el acuerdo es bien recibido, aun si no se consiguen los objetivos primordiales. En este caso, por ejemplo, no se logró la independencia de Irlanda del Norte de Gran Bretaña, pero sí la igualdad de derechos para los republicanos católicos. Y esto lo percibieron ellos como una victoria.

10. La paz en Sudáfrica

Hablar de la paz en Sudáfrica es hablar de quien tal vez fue la personalidad política más querida y admirada en todo el mundo a fines del siglo xx, uno de los hombres más respetados universalmente, Premio Nobel de la Paz en 1993, líder histórico del Congreso Nacional Africano, comandante en jefe de la organización guerrillera Umkhonto we Sizwe (MK) o La Lanza de la Nación, y presidente de Sudáfrica entre 1994 y 1999: Nelson Rolihlahla Mandela, también conocido como Madiba o Tata.

En sus inicios, la lucha de Mandela se inspiró en la no violencia de Gandhi, con campañas pacíficas de desafío al *apartheid*, ese sistema de segregación racial que se implantó oficialmente en 1948, pero que desde siglos atrás habían mantenido las comunidades blancas de origen holandés, los afrikáneres, dueños de inmensas plantaciones de algodón en las regiones de Sudáfrica y Namibia. El *apartheid* obligaba a los negros a vivir en zonas separadas y les restringía la educación, los derechos políticos (sobre todo el sufragio), el derecho a la propiedad de la tierra y a la construcción de viviendas. Había zonas segregadas en los buses, en la calle, en los hospitales, en los parques públicos. Estaban prohibidos los matrimonios interraciales, y las relaciones sexuales entre blancos y negros eran consideradas un delito.

A partir de 1960, tras una serie de masacres por parte del Estado, Mandela deja a un lado a Gandhi y decide entrar a la lucha armada ("la única resistencia verdadera", según Semprún), con todas sus consecuencias. Hace un llamado a la población negra a sublevarse, viaja a China y Argelia para recibir entrenamiento militar y apoyo logístico, y regresa dispuesto a dar la pelea. Es considerado "terrorista" por las autoridades sudafricanas, pero también por la ONU. En 1962 lo detienen y lo condenan a cadena perpetua, y Amnistía Internacional no lo considera un "preso de conciencia" por haber participado en la lucha armada. Permanecerá algo más de veintisiete años en la cárcel, donde se transforma en el gran líder contra el *apartheid* para las nuevas generaciones de activistas. También se va convirtiendo en un símbolo para el mundo entero, que comprende su lucha y empieza a apoyarlo, dándole la espalda al Estado de Sudáfrica.

Las presiones locales e internacionales sobre el gobierno sudafricano para que lo liberara fueron cada vez mayores, y las medidas contra el *apartheid* acabaron por aislar a Sudáfrica, que empezó a hundirse en la crisis económica y a tener problemas de gobernabilidad. En 1989 el presidente Botha sufrió un derrame cerebral y tuvo que ser sustituido por Frederik Willem de Klerk, quien inició negociaciones secretas con Mandela, decidido a lanzar un proceso de transición a la democracia plena.

Mandela se ganó la confianza y el respeto de sus oponentes y transformó los diálogos secretos en negociaciones formales. Lo liberaron en febrero de 1990, al tiempo que se legalizaban todas las formaciones políticas y se iniciaba el periodo de transición a una democracia completa. En este proceso de paz tan complejo tuvieron que ver las iglesias, el sector empresarial, los jefes de tribus y etnias negras. Se logró un Acuerdo Nacional de Paz, el cual se mantuvo hasta 1994, cuando las elecciones convirtieron a Nelson Mandela en el primer presidente negro de Sudáfrica. Entonces Mandela instauró un gobierno de transición, con Frederik de Klerk como vicepresidente, que dio origen a la Asamblea Constituyente y a la Comisión de la Verdad y la Reconciliación. En diciembre de 1996 se aprobó la nueva Constitución, con la cual nació la Sudáfrica del siglo XXI, libre del *apartheid* y plenamente democrática, y sobre todo un ejemplo de cómo los procesos de paz, en ocasiones, surgen no sólo por el tesón y el convencimiento de sus protagonistas, sino por el buen aprovechamiento de coyunturas históricas, que de repente ofrecen la posibilidad de cambiar un estado de cosas en un momento específico, y que parece que estuviera clamando por ser cambiado.

En estos casos, los que se mueven en el sentido de la paz son quienes saben escuchar esos cifrados mensajes provenientes de la realidad, a veces en medio del gran clamor y caos general. Fue el caso de De Klerk y de Mandela, cuyo ejemplo de gobierno participativo, por lo demás, es una prueba de reconciliación tan universal que hoy es inimaginable siquiera la posibilidad de que algún país del mundo decida implantar un sistema segregacionista basado en la raza. El otro ejemplo dado por Mandela es que toda reconciliación, social e incluso individual, debe incluir el perdón, pero para que éste sea posible es indispensable saber la verdad.

IX. Cuando la flecha está en el arco, tiene que partir

1. Pax colombiana

Por aislado que a veces parezca, Colombia no es un reino separado del mundo y nuestra forma de ser humanos es esencialmente la misma que en otras latitudes. Por eso nuestra violencia y nuestras guerras son comparables a las que los hombres han hecho en países remotos y en otras épocas de la historia. El país vivió su épica fundacional bajo la forma de la guerra de independencia hace apenas doscientos años, glorificando a la casta guerrera, como en el *Cantar del Mio Cid* o en las guerras del Peloponeso, y dándoles a los generales (y luego a su descendencia) el lugar más alto en la escala social; al igual que en la épica europea, el combatiente raso, el que luchó entre el barro y clavó o recibió en su pecho la bayoneta fue sólo un peón anónimo y olvidado. Olvidado de la historia pero también, después de la guerra, del festín de la victoria. En Colombia fue el campesino, el indio. Cuando se abrió el cofre del botín nadie se acordó de él. No le tocó nada. A duras penas regresó a su parcela, aunque a veces a seguir trabajando en ella para otro dueño.

Otras guerras míticas se libraron en la época prehispánica y de todo aquello quedó una simbología, como la leyenda del salto del Tequendama, un lance teatral parecido al de Moisés extrayendo agua de la roca desértica, aunque de ingeniería contraria: Bachué, ahíto de agua, debía crear un desnivel para drenarla, mientras que Moisés, sediento y reseco, debía hacer que brotara. En nuestro caso, las guerras míticas no tuvieron ni la escenografía ni los medios de la más pequeña de las batallas del *Mahabharata*, y tal vez por ello nuestros mitos ancestrales sólo perviven en comunidades indígenas muy pequeñas, o como curiosidades legendarias y cultas que no desembocaron en formas masificadas de religiosidad popular, como sí pasó en México.

La guerra de independencia dio pie en Colombia a sucesivas batallas de reacomodo, tanto en lo político como en lo territorial, entendido esto último no como un conflicto de límites sino como propiedad y consiguiente usufructo de las tierras fértiles. La prodigalidad del campo colombiano ha sido también su desgracia, pues no son pocas las guerras que se han librado para hacerse con sus tesoros, tanto palpables como imaginados, vegetales como minerales.

En cuanto a las guerras por el poder, éstas comenzaron al día siguiente de la independencia y no han cesado casi nunca, menos aún al adoptar la forma del bipartidismo entre liberales y conservadores, una bifurcación que, en sus orígenes, definía a los liberales como aquellos que consideraban que en la nueva nación independiente todos los ciudadanos debían ser iguales y tener los mismos derechos, mientras que los conservadores preferían, cómo no, *conservar* ciertas prerrogativas, canonjías y ventajas que como criollos disfrutaban desde la Colonia frente al común de los ciudadanos, sobre todo la propiedad de las tierras y la prolongación de antiguas concesiones hechas por la corona española a algunas familias. Estas guerras entre liberales y conservadores fueron extenuantes y de una crueldad típica de las guerras civiles, donde el odio se agiganta en proporción inversa a la distancia entre los pueblos de los que luchan.

Una de las cosas que siempre me han sorprendido de la historia del país es la incongruencia entre la situación de las personas que defienden una idea política y el contenido de esa idea. Es la extrañeza que podría producir, por ejemplo, que un obrero metalúrgico fuera militante del Partido Conservador en lugar de ser liberal o incluso comunista. Comprendo que los pequeños propietarios y aquellos que tienen algo que conservar lo sean, pero, ¿por qué gente muy pobre, a veces meros jornaleros, dicen ser conservadores?, ¿o incluso liberales? Cuando lo he preguntado por ahí me he encontrado con respuestas muy curiosas. Muchas veces ni siquiera saben por qué son una cosa o la otra. Es común escuchar frases como "el glorioso Partido Conservador", pero tampoco saben muy bien por qué es glorioso, ni mucho menos en qué repercute esa gloria en su vida. "Porque soy de familia conservadora", dicen otros, o la variante: "Es que este pueblo siempre ha sido muy conservador" (vale igual para el liberal). Preguntar por qué la familia o el pueblo han sido conservadores ya no tiene sentido, pues nadie lo sabe.

Una respuesta un poco más estructurada dice lo siguiente: "Porque es el partido de Dios y la Iglesia, porque los liberales son masones y ateos". En estos casos, por extensión, las guerras bipartidistas podrían verse como expresiones matizadas de un conflicto religioso, pero no de creencias distintas, ya que todos eran más o menos católicos, sino del modo en que le cumplían a la Iglesia en sus mandatos. Ese fue el poder del crucifijo y esa la responsabilidad de curas y párrocos que, durante la Violencia, aliados a los poderes gamonales, bendijeron las armas de los bandoleros. Al llamar a la lucha contra el ateo liberal, desde los púlpitos, le dieron al campesino una justificación y un motivo para encarnar, ahora sí, al "glorioso" partido conservador. Y ser buenos cristianos a punta de machete y escopeta de fisto o perdigón.

En este punto específico, esas guerras llegaron a parecerse a lo que presencié en Bosnia, sólo que en lugar del concepto de "limpieza étnica" se trataba de una suerte de "pureza política", y por eso, a pesar de haber sido hace más de medio siglo, puedo imaginarlas perfectamente: quema de casas, campos y cosechas, envenenamiento de ríos, humillación y tortura al vencido, ejecución de familias enteras, pues se consideraba que la culpa no era individual sino colectiva, mutilaciones, acuchillamiento a mujeres embarazadas para que no procrearan hijos rivales, horrores como el célebre "corte de corbata", en el que se sacaba la lengua por una hendidura abierta en la garganta, o el "corte de franela", cortando en la base del cuello; el empalamiento, la decapitación y, claro, la exposición de los cadáveres para que otros los vieran y supieran cuál iba a ser su destino.

En algo recuerdan las guerras de conquista del Medioevo: la victoria no suponía sólo poseer el territorio, los bienes y la sumisión de los que ahí vivían, sino que se buscaba su conversión o incluso su *purificación*, que en este caso no era religiosa sino política. Afortunado el que llegaba entero a la pared de bahareque de los fusilados. Y los huesos de vuelta a la tierra, una y otra vez. Huesos y más huesos alimentando nuestro rico ecosistema. Cuando sobrevuelo Colombia pienso siempre en esto: qué bonito país, qué verde y cuántos tonos de verde. Es una hermosa y espesa alfombra floral, pero si uno pudiera levantarla, ¿qué encontraría debajo? Miles de huesos quebrados, cráneos perforados, tristes calaveras mutiladas. Las de mucho antes, las de después y las de ahora.

Retomando lo que significaron los partidos políticos, es muy evidente que la importancia exagerada de los colores, el prístino azul conservador y el rojo liberal, demostraba cuán desprovistos de contenido eran en realidad y qué poca importancia le dieron sus líderes a que tuviera alguno, para la gran mayoría; lo mejor era que las masas se sumaran a ellos y los veneraran ciegamente y sin entender, como si fueran religiones, sin discutir o aportar nada, y en consecuencia, sin que su palabra tuviera ningún valor. Que el pueblo grite y se mate a garrote y se emborrache por el glorioso partido, pero nada más.

Y el campesino y el trabajador, ¿por qué lo hacía?

En un país en el que —como dijo Goytisolo de España— "se heredan no sólo los bienes sino también las taras y los odios", y en el que la violencia política inhibió o enfrió cualquier posible modalidad de nacionalismo que permitiera a la gente sentirse orgullosa de su pertenencia nacional, ¿qué otra cosa quedaba para forjar una identidad, aparte de estos simbolismos vacíos y perniciosos? Ser liberal o conservador era un modo de reconocerse y, probablemente, ganar algo de respeto ante los demás. Según el pueblo. Pertenecer a cualquiera de los dos colores reforzaba la devastada identidad en una sociedad cuyos rasgos, por lo demás, fueron siempre ocultados con cierta vergüenza por las élites, que preferían mimetizarse al salir al mundo.

Ahora bien, ¿significa algo ser colombiano[67]? La verdad es que más allá de una serie de obligaciones administrativas, ciertos sabores y sones, y un pasaporte que hasta hace poco describía nuestra tez, color de pelo (hoy diría "cabello") y tipo de nariz —entre recta, aguileña y redonda—, ser colombiano es formar parte de dos largas historias, una que se empezó a escribir hace doscientos años y que aún no termina, la de la república, y otra más antigua que se pierde en las noches prehispánicas, que es la del territorio y sus ancestros. Pero esas dos narraciones contienen a su vez la historia del mundo, pues si alguna identidad tenemos es la de no ser puros y provenir de un reflejo múltiple. Somos hijos de moriscos y judíos conversos llegados a América huyendo de la Inquisición, pero también de los inquisidores españoles y portugueses; hijos de los piratas que dejaron el inglés de Shakespeare en las islas de Providencia y San Andrés, y de los sobrevivientes del genocidio indígena. Hijos de los esclavos que llegaron de Nigeria y el África Occidental, y de las comunidades aborígenes de la Amazonia; de la inmigración sirio-libanesa de principios del siglo XX y de la judía de finales de la década de los treinta. Y eso sin hablar del presente. Hoy es fácil encontrar colombianos de origen yugoslavo, lituano, japonés, alemán o ruso. Las rutas

---

67 Disculpe el lector que no cite, como suele hacerse siempre en este caso, el cuento "Ulrica", de Borges, en el que se dice que ser colombiano es un "acto de fe".

de llegada a nuestro país provienen de todas las esquinas del globo, por fortuna. Vienen muchos y se quedan, de todas partes, y esa es nuestra gran riqueza y probablemente nuestra futura identidad, cuando todos los pueblos del mundo acaben de mezclarse entre sí.

Volviendo a los conservadores y liberales, la verdad es que entre los líderes de uno y otro tampoco hubo marcadas diferencias, pues ambos le fueron más leales al sistema oligárquico al que pertenecían que al supuesto decálogo de cada partido. Esto se ve en el modo en que el liberalismo, que debía marcar la diferencia a favor del campesinado y las clases populares, traicionó siempre a su pueblo en el momento de tomar grandes decisiones. Se vio muy claro en el asesinato de Gaitán, cuando se negaron a apoyar y representar al pueblo liberal que lloraba a su líder, y en cambio pactaron acuerdos con los conservadores que les permitieron salvar *in extremis* el sistema, con la disculpa de que lo hacían para no encender más los ánimos, que ya eran una llamarada y lo seguirían siendo; se vio también cuando el guerrillero liberal Guadalupe Salcedo estuvo a punto de tomar Bogotá, con sus diez mil hombres atenazando la capital y a la espera del ataque; pero los jefes del partido lo convencieron de que regresara al Llano; Guadalupe acató la consigna y esa misma noche fue asesinado por la policía.

El poder conservador, en cambio, fue mucho más coherente, y esto por algo que trasciende a la propia política colombiana y tiene que ver con las ideas sociales en general, y es que, *grosso modo*, es mucho más fácil para el hombre ser de derecha que de izquierda, pues aquella casi nunca incurre en contradicciones. Esto porque los valores

de la derecha están mucho más arraigados a la naturaleza
humana y constituyen un reflejo atávico: el mismo que lo
hace resolver los desacuerdos a la fuerza antes que con el
diálogo, que lo lleva a preocuparse en primer lugar por su
bienestar material y a desdeñar la suerte de los demás, que
establece un sistema jerárquico que comienza detrás de él
y que, históricamente, cree en la autoridad y en el inmovilismo de las jerarquías; que tiene en la religión su mejor
aliado, así como en las ideas románticas del nacionalismo
y la identidad. Por eso los conservadores colombianos, a
lo largo de la historia, han tenido pocas contradicciones, y
menos aún los grandes detentores del poder económico en
las ciudades o los latifundistas del campo. Para ellos todo
estuvo siempre muy claro, diáfano. Lo contradictorio podría
ser que en ciertas regiones hayan tenido el apoyo de campesinos o de clases humildes, pero esto, en el fondo, es algo
que pasa en muchas partes del globo y que forma parte de la
abigarrada y compleja experiencia humana (hoy gran parte
de los obreros franceses son de ultra derecha, por poner un
ejemplo que podría ser contradictorio, pero que ya no lo
es). Nuestras contradicciones políticas, en el fondo, no son
sólo colombianas. Son universales. Nuestra entera historia
política, si se la mira desde arriba, se repite aquí y allá, con
diferentes gestos, tonalidades, rostros.

Igual que nuestras guerras.

Colombia ha padecido los mismos males que ha sufrido
el mundo a lo largo de su historia en diferentes regiones, y
por eso no debemos asombrarnos tanto de los nuestros o
creer que existen por una suerte de conspiración metafísica
contra el país, ni que un dios cascarrabias, como Yavé, nos

echó encima las siete plagas. Nada de eso. Colombia ha hecho las guerras que su particular historia le ha exigido, y si bien la mayoría han sido inútiles en el sentido de que no produjeron una situación nueva que supusiera un adelanto o un enriquecimiento con respecto a lo anterior, fueron las que nos tocó vivir para comprender qué tipo de sociedad hemos sido y por qué hoy tenemos la situación que tenemos. Lo que debemos hacer es intentar comprenderlas. Pero el dolor lo vuelve a uno egoísta y por eso el colombiano promedio, al igual que el enfermo crónico, tiende a creer que lo que le pasa es único. Pero no hay nada en el conflicto de Colombia que no pueda ser rastreado en otras culturas. Cambia el intérprete, pero la partitura es la misma, pues incluso para matarse unos a otros se requiere de cierta intertextualidad.

Si la guerra es la danza de las armas, que en la práctica son prolongaciones de la fuerza física del combatiente, la política es la prolongación de las ideas y los vislumbres del porvenir. Este es el sentido de la invitación que la sociedad colombiana le está haciendo a las FARC: dejar a un lado las extensiones de su puño, de sus músculos, brazos y piernas, y pasar a combatir con esas otras extensiones metafóricas en el terreno del lenguaje y la persuasión, donde el poderío también se premia con la victoria. Como dice Felipe González: "Cambiar las botas por los votos".

Esto a su vez supone un gran compromiso por parte del Estado: asegurarles que podrán dar su batalla dialéctica en absoluta seguridad, y sobre todo en igualdad de condiciones, respetando y protegiendo la integridad de cada desmovilizado, a diferencia de lo que ya pasó con los miembros de la Unión Patriótica (UP) a fines de los años ochenta, que fueron literalmente exterminados y no propiamente en el terreno conceptual sino en el de la guerra sucia. Vale la pena recordar aquí a ese grupo, creado en 1985 por militantes de distintos sectores de la izquierda, incluidos las guerrillas del ELN y las FARC, el Partido Comunista Colombiano y movimientos de autodefensa obrera, entre otros, motivados por las conversaciones de paz del gobierno de Belisario Betancur.

Pero el país de esos años era, más que nunca, una plaza fuerte regida por la intolerancia, y el palo no estaba para cucharas. Todo lo que expeliera un aroma a izquierda era percibido en los radares de la clase dirigente y de las Fuerzas Militares como una mortífera bacteria cuya entrada debía evitarse a toda costa. Ya el país había tenido en la toma al Palacio de Justicia por parte del M-19 una prueba de la intransigencia militar a cualquier posible diálogo con los sublevados, y así los militantes y cabecillas de la UP se convirtieron en un objetivo militar para esa derecha conspirativa y fantasmagórica. Un objetivo que fue golpeado y diezmado desde la sombra.

Es un antecedente vergonzoso para el Estado, con un saldo que produce frustración y rabia. Dos candidatos presidenciales asesinados -Jaime Pardo Leal y Bernardo Jaramillo Ossa-; ocho congresistas, trece diputados, setenta concejales, once alcaldes y alrededor de cinco mil militantes fueron masacrados por los paramilitares, el narcotráfico y acciones clandestinas de las fuerzas de seguridad. Muchos sobrevivientes tuvieron que irse del país y otros, como Iván Márquez, decidieron olvidarse de diálogos y regresar a las FARC.

Por eso, a la par que se deben analizar y juzgar los delitos imprescriptibles de la guerrilla, la paz tendrá que servir también para hacer un alto en el camino y mirar de cerca las responsabilidades de las Fuerzas Militares por fuera de sus funciones constitucionales, su connivencia en algunas regiones con los paramilitares, los falsos positivos y sus secuelas, la corrupción detectada y denunciada sobre un presupuesto que es como el mágico baúl de los nibelungos —¡27 billones de pesos!—, inagotable y a la vez repleto de zonas oscuras para la rendición de cuentas por tratarse de "fondos reservados". Un replanteamiento general de las Fuerzas Militares para separar de una vez por todas el grano de la paja, pues tal vez sólo así, en un futuro y sin la premura de la lucha antiguerrillera, éstas podrán convertirse en una institución moderna y transparente, un brazo del Estado igual de enérgico y poderoso, pero sin sombra de duda. Con un pie de fuerza menor pero más profesional, y cuya percepción de la realidad del país no esté contaminada por su sacrificio individual, por sus heridos y amputados, por sus muertos y secuestrados, que no son sólo de ellos sino de todos, pues se trata de compatriotas que no volverán o que andarán en muletas el resto de su vida, esas cosas atroces que dejan las guerras, pero que en ningún caso justifican el revanchismo y la retaliación ciega sobre lo que se cree que es el bando contrario, que en muchos casos no son más que campesinos inermes, atrapados entre dos y tres fuegos.

Ahora bien, aparte de los extremistas de lado y lado, cabe preguntarse: ¿tiene enemigos la paz entre las fuerzas de consenso democrático? Por increíble que parezca sí los tiene, aunque disimulados detrás de argumentos aparentemente neutros, cortinillas de humo del quiero y no puedo, palabras pudorosas y bien elegidas que por fuera son como inocuas barras de pan pero que esconden puñales, para que parezca que no pero sí, que sí pero quizás no.

Uno de estos argumentos está montado sobre una emotiva frase que dice: "¡Queremos paz pero con dignidad!". Una afirmación por lo general correcta que puede pasar sin problema, que invita a cualquiera a mover la cabeza aceptando sin más, una afirmación algo romántica incluso, pero que en el contexto actual y vista con cuidado es una absoluta contradicción en términos y, por eso mismo, un petardo de mecha retardada. Su objetivo es clavar un alfiler sobre las concesiones que toda negociación conlleva para generar desconfianza en el proceso, pero sin oponerse a él. Como tirar la piedra y esconder la mano. En primer lugar porque paz y dignidad son términos que, en el contexto de un conflicto, pertenecen a mundos conceptuales diferentes y a menudo contrarios: la paz es una realidad objetiva y social, mientras que la dignidad responde a la pura subjetividad individual. ¿Cuál dignidad es la que debe prevalecer? ¿La mía o la de mi enemigo? ¿La de Pedro y María, heridos por minas quiebra patas? El problema de la dignidad es que todo el mundo tiene una diferente, y por eso con demasiada frecuencia suele ser la máscara con la que se disfrazan cosas bastante menos prestigiosas.

Proponer la paz con dignidad, así, es como aspirar a la paz de los sepulcros, pues la historia demuestra que la búsqueda de la dignidad perdida, en términos colectivos, ha llevado a los peores crímenes y a la destrucción. Ya mencioné acá cómo el discurso nacionalsocialista encontró en ella su principal fuerza. Porque esa "recuperación de la dignidad" tiene otros nombres: venganza, resentimiento, revanchismo. La dignidad estaba también en boca de los nacionalistas serbios; fue con ella que los ejércitos serbobosnios fusilaron a 8.373 bosniomusulmanes[68], la mayoría varones, aunque también ancianos, mujeres y niños, en la localidad de Srebrenica. Supongo que cuando el general Mladic ordenó hacerlos subir en buses y trasladarlos a las afueras de la ciudad para descerrajarle a cada uno un tiro en la nuca, uno por uno y en fila, en sesiones diarias y nocturnas, tenía ante sus ojos esa nostalgia histórica y la venganza por la batalla de Kosovo, en el año 1.389, cuando los serbios fueron derrotados por las tropas del sultán turco.

Recuperar la dignidad perdida.

¿Es esa la dignidad que pretenden en Colombia?

La paz está más allá de las pequeñas dignidades individuales. Podríamos afirmar incluso que la dignidad suprema de un país es ser capaz de vivir en paz, y que cualquier consideración que contamine u obstruya este camino es irrelevante y debe ser superada. Porque la paz es la suprema dignidad. Ejercer la "libertad en medio de la tranquilidad" tiene tanto valor que cualquier consideración política contraria se vuelve necia. Por eso Seneca admiraba a los gobernantes que mantenían a sus pueblos en paz. Se lo dice a Lucilio en una de sus *Cartas*: "Los filósofos, cuyo propósito es vivir virtuosamente, sienten un gran respeto por los gobernantes que promueven la tranquilidad pública, mucho más que por los turbulentos".

---

68 El mayor asesinato masivo en Europa desde la Segunda Guerra Mundial.

Ay, Séneca, qué sabias palabras. Y qué actuales.

Para ilustrarlo, el mismo filósofo cita los siguientes versos de Virgilio en *Las Bucólicas*:

Oh, Melibeo, un dios nos dio esta paz.
El hombre que nos la dio será siempre un dios.
Él permitió que mis ovejas pudieran pastar aquí y allá,
como ves,
y a mí me permitió poder tocar con mi flauta agreste
mis melodías favoritas.

Poder tocar la flauta mientras las vacas pastan donde quieren, ¿no es un ideal para una sociedad? Dignidad, en cambio, es una palabra que circula con más frecuencia entre cuarteles y trincheras, entre comandos suicidas y campañas bélicas. Porque es un grito de guerra. Por eso hablar de paz con dignidad, en la realidad, es un absoluto disparate. La paz no admite adjetivos ni circunstancias.

Ahora bien, conviene saber que la paz ha sido siempre un estado transitorio en la vida de los hombres, pues la guerra va y viene, como un búmerang: si el golpe que la lanza es muy fuerte puede ausentarse por tiempo indefinido, pero al final acaba por volver, cuando el castillo de naipes empieza a ladearse, cuando la sociedad que lo construyó es presa de nuevos malestares y desacuerdos que era imposible predecir años atrás y para los cuales no está preparada, que se manifiestan y se hacen inmanejables. Porque ¿quién puede anticipar las controversias del futuro? ¿Alguien podría haber imaginado hace veinticinco años, por ejemplo, que habría un conflicto diplomático entre Estados Unidos y Rusia por un caso como el de Edward Snowden?

Tal vez para que la paz retoñe deben concurrir dos cosas aparentemente contradictorias: el olvido y la memoria. Olvidar para seguir adelante, para que las neuronas espejo de quienes observan la violencia y la emulan se detengan, para aprender a dejar atrás imágenes duras y tal vez acercarse a una pedagogía del perdón; y la memoria para tener siempre a la vista cuál fue el costo de lo que ya se vivió. Por eso no conviene tapar el sol con un dedo y pensar que los colombianos nos convertiremos, de la noche a la mañana, en cervatillos gráciles dando saltos por el bosque.

Nada de eso.

La paz permitirá exigir e imaginar un nuevo país, claro que sí, pero seguirá habiendo violencia, porque se habrá resuelto el principal de los problemas, pero quedan todos los demás, que no son pocos. Por desgracia Colombia es como un enfermo de cáncer que además tiene diverticulitis, escorbuto, hipertensión, colesterol alto, úlcera y reflujo, y que de repente logra superar el cáncer. Su pastillero cotidiano se va a aligerar, pero seguirá siendo complejo. Es de esperar que al desaparecer uno de los factores más insidiosos, el resto vaya inhibiéndose y puedan ser controlados mejor por la acción del Estado, de un lado con su mano fuerte y del otro, en simultánea, con estructurados planes sociales de educación, salud e inversión pública que hagan definitivamente poco interesante y muy arriesgada la vía criminal a quienes revolotean en torno a ella: desde el pequeño delincuente urbano ligado al tráfico de drogas y a las pandillas juveniles, hasta el hampón profesional de las bacrim o el falso desmovilizado; esto incluye, cómo no, casos tristes, injustos, desgarradores, como ese campesino que por una perversa carambola pasó de ser desterrado en el campo a desplazado en la ciudad y luego culpable a ojos de todos, reducido a mendigar en los semáforos, viendo cómo a sus hijos se los tragan la droga y las mafias callejeras, hasta que un día dice "no más" y agarra una pistola. Es el Jean Valjean de hoy, el protagonista de *Los miserables* de Victor Hugo, pero perdido entre el esmog y el ruido de cualquiera de nuestras aldeas presuntuosas y crueles, dispuesto a robarse una barra de pan para alimentar a los suyos, lo que hará que la justicia, eso sí, caiga sobre él como un rayo.

Se construirá la paz, decía, pero nada está asegurado, pues no sobra recordar que en ninguna parte del mundo la paz es un estado químicamente puro; en cualquier sociedad pacificada los brotes de violencia continúan, a veces con acciones de extrema gravedad, más aún cuando el país está repleto de armas. Del lado de la guerrilla, ¿no habrá algunos que quieran seguir echando sus tiritos de vez en cuando?, ¿no querrán otros seguir con el sistema económico de la tula de plata escondida en el cambuche?, ¿y cómo se va a volver a llenar la tula cuando se vacíe? Que haya paz desde el punto de vista de un conflicto mayor no quiere decir en ningún caso que cesen *todas* las controversias violentas entre los hombres. En ciudades que no están asoladas por la guerra hay tiroteos y batallas campales. Sólo en el 2013 hubo 4.364 homicidios en Caracas. México, con la violencia del narcotráfico, contabilizó aterrado 13.775 homicidios en los primeros ocho meses de presidencia de Enrique Peña

Nieto[69]. La pulsión violenta es imposible de desterrar porque está latente en cada individuo y explota aquí y allá, en medio de vidas anónimas. La gente no puede más. Ni la instalación de un panóptico universal o una estupa budista con ojos que todo lo ven lograría anticiparla e intentar reprimirla antes de que se manifieste, y de poder hacerse sería antidemocrático y supondría una suerte de nazismo científico, como en *Minority report*, relato de Philip K. Dick llevado al cine por Steven Spielberg, en el que un grupo de policías arresta a delincuentes antes de que cometan sus delitos. ¿Y cómo saben que los van a cometer? ¿Y cómo pueden detenerlos como criminales antes de haber cometido sus crímenes? Ah, ahí está el *quid* del film.

Por eso esta paz que está a punto de nacer deberá traer el convencimiento definitivo de que el país no puede seguir siendo el mismo, y por eso convendría también que las élites que lo han dirigido tomen nota y actúen en consecuencia. Supongo que ya se habrán dado cuenta de que vivirían mucho mejor y con más comodidad sin un soldado en cada curva, sin casas enrejadas, electrificadas y con histéricos sistemas de alarma, sin esos estrepitosos esquemas de seguridad que atormentan a los demás ciudadanos, con caravanas de guardaespaldas atarvanes en los que, por absurdo que parezca y con arrogancia idiota e infantil, muchos ven un signo de distinción. Esto ya deberían saberlo, y para eso, para que sea más seguro, es necesario construir un país que progrese horizontalmente, con más oportunidades, más democracia y más generosidad hacia los sectores frágiles; más equidad

---

69 Datos del semanario *Zeta* de Tijuana.

y, sobre todo, menos endogamia en el manejo y repartición de los recursos.

Porque en este asunto la *clase dirigente* colombiana sí que recuerda los estudios de Lévi-Strauss sobre la importancia de las relaciones de parentesco en los pueblos aborígenes de la Amazonia, pues el perverso juego de la parentela está en todos los sectores: en la economía y los partidos políticos, en la burocracia y el comercio, en el manejo de las empresas públicas, las concesiones de licencias y los contratos del Estado, en fin, en toda la vida económica y política.

Y por qué no decirlo: incluso en la prensa.

Hay en los medios periodísticos de Bogotá una vistosa aristocracia de izquierda, suerte de *gauche caviar* local, dedicada a hacer opinión o a la cabeza de grandes grupos. Los extranjeros que nos visitan suelen decir que es más fácil obtener una cita con un ministro que con el director de un medio, ¡y no es para menos! Estos valientes opinadores escriben sus opúsculos y critican al poder judicial o a los líderes económicos, e incluso a los altos funcionarios del Estado; en otras palabras, critican a sus primos, primos segundos, cuñados, concuñados, vecinos, amigos de infancia o amigos de club, querellas eso sí de muy buen nivel que, dejando de lado los argumentos, podrían verse como extensiones adultas de sus desacuerdos juveniles o incluso de infancia. Por eso vuelan alto y a veces van muy lejos, claro que sí, se acercan a los confines y de vez en cuando se asoman al abismo y puede que vean de lejos el corazón de las tinieblas, pero ahí se devuelven pues, en el fondo, su vuelo será siempre el de un palomo amaestrado. Porque si alguien que viene de afuera, de la más pura y dura intemperie social, se llega a colar en su mundo, si un intruso penetra en su espacio aéreo sin ser invitado y adquiere alguna notoriedad en la administración o conquista un cargo de relevancia, incluso si es de elección popular, entonces se cierran filas y se activan las alarmas. Como en las películas de submarinos, una luz roja se enciende por los corredores y un altavoz vocifera, ¡peligro!, ¡peligro!

Ahora que la paz se vislumbra en el horizonte vale la pena preguntarse, precisamente, ¿qué espacios está dispuesto a ceder nuestro viejo sistema oligárquico? Y más aún: ¿está realmente preparado para convivir con iniciativas que provengan de otros sectores, incluida la izquierda?

Lo ocurrido en la alcaldía de Bogotá, el *affaire* Petro, pero también el de Piedad Córdoba e incluso el de Alonso Salazar[70], hacen urgente un debate que no puede seguir postergándose y que tiene que ver con el modo como se juzga a la izquierda democrática en Colombia, que dejó muy atrás la lucha armada (en el caso de Petro) y que está convencida de que el espacio para defender sus argumentos es el hemiciclo del Congreso o la plaza pública, y sus armas más efectivas, el lenguaje y las ideas. Esa izquierda salió a la conquista de un espacio político y lo obtuvo esgrimiendo argumentos, lecturas de la realidad y visiones del porvenir transformadas en programas sociales. Los ciudadanos votaron por todo eso y le dieron un lugar relevante.

Pero justo ahí comenzó el problema.

Vistas las cosas desde arriba, se diría que nuestro sistema sí está dispuesto a convivir con la izquierda, a dejarla respirar y

---

70 Que acaba de ser resuelto a favor de Salazar, lo que demuestra que hay aún algo de cordura en ese perverso sistema.

agitar los brazos, siempre y cuando sea minoritaria, siempre que permanezca en un tono menor y ocupe papeles relevantes pero secundarios. Siempre que su autonomía sea corta y vigilada y que su brazo no alcance jamás hasta los centros neurálgicos donde está el verdadero poder. Da la impresión de que con ella se aplica el principio de las vacunas, que consiste en inocular un poco de la enfermedad para que el organismo aprenda a resistirlo y evite males mayores. Pero nada más. Porque si esa izquierda democrática llega a levantar la cabeza y sus músculos electorales se desarrollan, entonces truena y caen rayos.

No es necesario dudar siquiera de los argumentos legales que llevan a justificar, uno tras otro, los ataques de la dirigencia a la izquierda democrática, pues basta que alguien se ponga en ello para encontrar, espulgando decretos e incisos, lo que se requiere para lo que sea. Si se encontró la cuadratura del círculo legal que permitió a los jefes paramilitares hablar en el Congreso y que los representantes de las víctimas fueran expulsados de la sala, ¿qué no podrán encontrar nuestros fieros e intrépidos leguleyos? Si se lo proponen, serían capaces de demostrar que el Sol gira alrededor de la Tierra. Estos experimentados sabuesos saben muy bien qué deben hallar cuando se trata de suprimir a una peligrosa bacteria que entró al organismo y que es ajena a él.

Porque en el fondo de eso se trata: las iniciativas de la izquierda, en Colombia, siguen siendo percibidas como ajenas a la vida política habitual, y por eso la sensación es que un representante de esa izquierda debe remar el triple que sus contradictores para obtener lo mismo, y que si llega a obtenerlo necesita otro tanto para mantenerse, pues de inmediato caen sobre él todas las sospechas.

Por todo esto no sobra repetir la pregunta, y seguirla haciendo hasta que encuentre respuesta: ¿hasta dónde realmente están dispuestos a llegar para construir un país distinto?

Lo que sí traerá la paz, en cambio, por incompleta que sea, es una normalización de la imagen de la muerte. Esta es una de las grandes ventajas de que los rifles y las motosierras descansen, y que las bombonas repletas de tuercas se vayan a los museos (puede que del horror o de la memoria). Porque la muerte tiene muchas caras, según la época, y el valor de la vida varía según los contextos. Pero esto no es una novedad. ¿Cuánto valía en términos psicológicos una vida humana en la Guerra Civil española, o en la Segunda Guerra Mundial, o en la conquista española de América, o en la Judea de Herodes Antipas? Y si no queremos irnos tan lejos en la geografía, ¿cómo ha cambiado la percepción de la vida y de la muerte en México desde que empezó la guerra contra el *narco*?

La primera vez que presentí la muerte mirándome a los ojos fue al ver las fotos del cadáver de Iván Ríos, comandante de las FARC. ¿Lo recuerdan? Tenía los ojos abiertos y una expresión entre sorprendida y dura, aunque no llegaba a ser fiera; era la mirada de alguien que acaba de comprender algo, una comprensión interrumpida por la muerte. ¿Y qué comprendió Iván Ríos? Supongo que la traición, pues miraba a su asesino, que además era su compañero y subalterno. El orificio del tiro, justo en medio de la frente, indica que le disparó mientras se miraban. Al ver esas fotos uno está en el lugar del asesino, y es la muerte la que nos mira. Lo que comprendió Ríos fue la muerte y la traición, y uno, observándolo, está también en el lugar del traidor. Recuerda esa novela de Javier Marías, *Tu rostro mañana*. ¿Cómo será tu rostro mañana, después de la traición? Será así: como nuestra cara frente a los ojos del que mira la muerte.

Dos años después de esto, en el 2010, llegó otra imagen. Esta vez era el cadáver del Mono Jojoy. La casualidad, a través de extrañas simetrías, se encarga de evidenciar las cosas, pues supe la noticia en México, luego de ver una película llamada *Pecados de mi padre*, sobre la vida de Pablo Escobar. La película, que lo deja a uno por los suelos al revivir un periodo tan negro, contiene cierta esperanza, pero lo que más me impresionó en esa noche mexicana fue el aterrador paralelo entre lo que vi en el filme y lo que veía en los noticieros al volver al hotel; la sensación de que el tiempo no pasaba, que seguíamos dando vueltas en torno al mismo cadáver y que las imágenes del cuerpo de Escobar, en la película, no estaban en el pasado sino en el presente, y puede incluso que en el futuro: el cadáver expuesto y amoratado de Pablo Escobar, en 1993, era igual, diecisiete años después, al cadáver expuesto y amoratado del Mono Jojoy. No derramé lágrimas por ninguno de los dos, pues cada uno murió en su ley, pero me pareció que el tiempo se había congelado y sobre todo que la muerte se daba un banquete en nuestras tierras; y entonces comprendí que lo que en realidad estaba expuesto y amoratado era todo un país, cuyas sinuosidades eran tales que podían albergar, al mismo tiempo, a estos asesinos y a sus innumerables víctimas. Un país magullado y herido que, sin embargo, anhela curarse, que debe hacerlo para volver a estar de pie, porque la historia es aún corta y el futuro no da tregua.

Se levantará cuando logre construir la paz, porque esta tiene que llegar —como la flecha del proverbio chino, *Cuando la flecha está en el arco, tiene que partir*[71]—, y entonces vendrá el momento de la sociedad civil; las masas tendrán que salir a las calles, las multitudes deberán hacer sonar su voz para apoderarse al fin de este malhadado país y hacer suyos todos los departamentos y regiones, cuencas orográficas, valles y llanuras; los picos más altos y las costas, las lagunas y los ríos, las lluvias y el aire y las montañas y las nieves perpetuas; la gente tendrá que salir a vociferar para hacerlo suyo.

Para exigir e imaginar un nuevo país.

Y para fundarlo de nuevo.

Así como los chilenos salieron a las calles a saludar la democracia, o como salieron los ingleses en una Inglaterra devastada por los bombardeos para celebrar que ganaron la guerra, o como salieron los indios a saludar la independencia al expulsar la dominación británica, o como han salido a las calles todos los países que han expulsado a sus dictadores en América Latina y en África y en la ex Cortina de Hierro; habrá que celebrar como celebraron las ciudades medievales cuando se acababa la peste o la hambruna y los campos empezaban a retoñar, o cuando terminaba la sequía y del cielo chispeaban gotas; porque la guerra, en Colombia, ha sido el gran enemigo: la peste y la sequía y la hambruna, y por eso lograr la paz será la gran hazaña y la victoria de todos, el único regalo que sólo

---

71 Lo cito de memoria de una conferencia dada en Madrid por Rafael Sánchez – Ferlosio a la que asistí, a fines de los ochenta, en el centro cultural de Plaza Colón. No encontré otra referencia.

una sociedad puede darse a sí misma; el más invaluable y, a la vez, el más urgente.

La construcción de la paz tendrá que vivirse como una segunda independencia, pues el país ya no estará dividido entre la realidad y el deseo. Al revés: hará más complejo y exigente su deseo, el cual será, acorde con las exigencias a las que da paso, el de una nueva nación en la que realmente quepan todos, escrita con un lenguaje que refleje su complejidad, no sólo su imagen estática. Una nación capaz, por doloroso que sea, de empezar a alzar nuestra bonita alfombra vegetal, poco a poco, para que esos millares de huesos que están ahí vayan diciendo quiénes son, quiénes fueron. Qué pasó y cuándo y por qué. Para que hablen. La reconciliación será definitiva cuando los huesos de este país dejen de ser huérfanos, y por eso quienes se cobijaron en las selvas para cometer crímenes, los que abrieron cunetas y hoyos en los cerros y las montañas, los que llenaron los ríos de cadáveres, tendrán que contar la verdad, como la contarán quienes asesinaron muchachos para obtener premios y quienes llevaron cuerpos a fogones para no dejar huella en la tierra. Todos tendrán que contar la verdad, pues como enseñó Mandela, el único perdón posible es posterior a la verdad, aunque esto sí sea tal vez una utopía, al menos por ahora, lo sé, pero también uno escribe para decir las cosas que no puede hacer que sucedan, porque al decirlas ya al menos están de este lado de la página y del mundo. ¿Y si esto no pasa y resulta que nada cambia?, me digo de pronto, en un rapto de pesimismo, influenciado por mi admirado Cioran. ¿Y si nuestra guerra es reemplazada por otra, con los carteles mexicanos o sus aliados locales disparando en nuestras selvas por el control de la materia prima y las zonas de cultivo?, ¿o por el surgimiento de nuevos poderes armados que ocupen los espacios evacuados por la guerrilla?

Si llegan nuevas guerras habrá que combatirlas, una por una, como se ha hecho siempre en cualquier parte del mundo, a lo largo de la historia, tratando en lo posible de acabarlas más rápido, pero mientras tanto esta paz, la de ahora, por precaria que sea —si es precaria— permitirá exigir e imaginar un país que siga creciendo pero no a costa de unos y para exclusivo beneficio de otros, sino para expandir hasta sus más lejanos confines la educación, el progreso y, ahora sí, la dignidad. Qué dignidad tan grande poder formar a todos los habitantes con una educación que sea —como quiere la UNESCO— sostenible y para toda la vida, llevando la luz y el sosiego de la cultura a lugares donde antes nunca fue posible.

Y más cosas: exigir e imaginar un país con una justicia moderna y sobre todo laica que no persiga y condene las ideas progresistas, sino que se inspire en sus más nobles batallas judiciales, como la que le opuso al narcotráfico en los años noventa o a las pretensiones caudillistas de Uribe en el 2010; exigir e imaginar un Estado que, haciendo honor a sus principios de igualdad, interrumpa ese anticuado sistema feudal de derechos a familias insignes; que vigile desde arriba la economía y el comercio, pero sin ser un obstáculo para la creación de empresas pequeñas, medianas y grandes, e incluso, ya soñando de nuevo, en el que la gente considere el pago de los impuestos, como dijo alguna vez Antanas Mockus, "su día más feliz del año", pues es el momento del compromiso y la solidaridad.

¿Es esta una nueva Arcadia? No tanto, claro, pero sí un país posible que, por primera vez en más de medio siglo, podrá presentarse ante sus vecinos sin cargar con el lastre de ser el hermano conflictivo, lo que le permitirá, al lado de sus más cercanos, centrarse en proyectos de bienestar común —tal como ya se hace con Ecuador—, seguridad o lucha contra la delincuencia, en lugar de agotarse en rencillas personales, y si a pesar de esto hubiera desacuerdos podrá defender con honorabilidad su propio sistema sin necesidad de acudir a términos pomposos pero vacuos y prestados.

En suma: esta segunda independencia permitirá exigir e imaginar la construcción de ese país que esperamos hace dos siglos, porque sólo así la paz, esa laboriosa creación que no es natural en el hombre y por lo tanto depende exclusivamente de la voluntad de quienes la ejercen, podrá ser sostenible y tal vez extenderse en el tiempo, sin duda con retruécanos y recaídas, con coletazos, pero será justo ahí cuando más habrá que protegerla, tal como se protege una débil llama: poniendo las manos alrededor. Las manos de un país entero para que retoñe y eche raíces que se hagan cada día más profundas.